环境法治背景下国际投资法律问题研究

蔺运珍 著

长春出版社

国家一级出版社

全国百佳图书出版单位

图书在版编目(CIP)数据

环境法治背景下国际投资法律问题研究 / 蔺运珍著
. —长春：长春出版社,2022.3
ISBN 978-7-5445-6668-1

Ⅰ.①环… Ⅱ.①蔺… Ⅲ.①国际投资法学–研究
Ⅳ.①D996.4

中国版本图书馆 CIP 数据核字(2022)第 039321 号

环境法治背景下国际投资法律问题研究

著　　者：蔺运珍
责任编辑：孙振波
封面设计：宁荣刚

出版发行：**长春出版社**　　　　　　　　　总编室电话：0431-88563443
　　　　　　编辑室电话：0431-88561184　　　发行部电话：0431-88561180
地　　址：吉林省长春市长春大街 309 号
邮　　编：130041
网　　址：www.cccbs.net
制　　版：佳印图文
印　　刷：三河市华东印刷有限公司
经　　销：新华书店

开　　本：710 毫米×1000 毫米　　1/16
字　　数：200 千字
印　　张：11.75
版　　次：2022 年 6 月第 1 版
印　　次：2022 年 6 月第 1 次印刷
定　　价：58.00 元

目　录

第一章 导 论

一、研究缘起

本书的研究是一个逐步积累与思考的过程。2013 年 9 月，我接手了环境与资源保护法专业研究生课程"环境法治与经贸专题研究"的教学工作。这门课没有现成的资料可供参考，于是我将其内容划分为两部分：一部分是环境法治与贸易，重点是环境法治与国际贸易；另一部分是环境法治与投资，重点是环境法治与国际投资。开课初期，我与学生们讨论了中缅密松水电站停建案。2011 年 9 月，开工建设不足两年的密松水电站被宣布搁置。究其原因，"国际政治的博弈和缅甸内部民族矛盾的斗争，确实让缅甸国内的相当一部分人，都具备了反对密松电站建设的动机"①。不过，"尽管这种动机可能十分强烈，却还不能公开地摆到桌面上来说"②。于是，缅甸总统吴登盛在他提交给议会的信函中称，他"担心密松水电站项目可能会破坏密松的自然景观，破坏当地人民的生计，破坏民间资本栽培的橡胶种植园和庄稼，另外，气候变化一旦造成大坝坍塌，也会损害水电站附近和下游居民的生计"③。这里，姑且不论吴登盛的理由是否站得住脚，中国在缅甸投资的密松水电站到底还是基于"破坏自然环境"的原因而暂停了。虽然该项目的叫停本身使中国海外投资蒙受重大损失，但从资本流动风险性本身来说，投资失利并不能算多么出人意料。该事件的要害之处在于在"中国环境威胁论"的背景下，是否会引起连锁反应？有学者担心："搁置密松水电站建设并不是

① 张博庭. 密松水电站缘何被叫停 [N]. 中国能源报，2012 - 04 - 02 (20).
② 同上。
③ 李晨阳. 缅甸政府为何搁置密松水电站建设 [J]. 世界知识，2011 (21)：24 - 26.

西方反华势力的终极目标，包括中缅油气管道在内的其他重大中缅合作项目今后都可能受到进一步的攻击"①。那么，除了在缅甸的投资，中国企业在其他国家的投资是否也会因环境问题受到挫折呢？同年，"紫金矿业的秘鲁里奥布兰科矿（Rio Blanco）项目被指没有披露重大环境风险，项目当地的环境保护机构对其当地公司及其高层处以罚款"②。彼时，紫金矿业和中国电力投资集团公司发展势头强劲，海外投资扩张迅猛，其海外投资的发展态势在一定程度上代表了未来中国在国际投资领域的影响与地位。显然，这两个海外投资受挫案至少有两点是相同的：投资地国是发展中国家；投资受挫均是源于环境。据此，我们认识到，在可持续理念影响深远的今天，环保意识已经不再局限于发达国家，发展中国家对环境保护问题同样重视。因此，中国企业在进行海外投资前，必须对投资地国的环境规制情况进行调研。

在我们对该问题进行思考与分析的过程中，中国投资国际化进程也在不断加快。随着"一带一路"倡议的提出，中国海外投资蓝图徐徐展开。2013年9月和10月，中国国家主席习近平分别提出了建设"新丝绸之路经济带"和"21世纪海上丝绸之路"的合作倡议，中国海外投资进入了扩张新时期。在此背景下，我和学生们时刻关注中国在"一带一路"沿线国家投资的发展情况，包括中国企业在"一带一路"国家遇到的环境风险。记得我们在讨论中国海外投资企业如何规避环境风险时，经常有同学提出："一带一路"沿线国家政策不稳定、法律不健全，因此应尽量减少对这些国家的投资，应将投资转移到那些政策稳定、法律健全的国家和地区，以降低海外投资风险。不过，这种观点很快遭到我们大部分人的反对。因为中国经济发展已经进入关键时期，该时期对自然资源和能源需求缺口较大。在此情况下，不管是从国家宏观层面还是从企业微观层面考虑，中国企业"走出去"进行对外直接投资以获取稀缺资源都是非常现实的选择。因此，我们所要解决的问题不是要不要在"一带一路"沿线国家投资的问题，而是如何在这些国家实现海外投资利益的问题。从规避环境风险的角度，我们所要解决的是如何使中国的

①李晨阳. 缅甸政府为何搁置密松水电站建设 [J]. 世界知识，2011 (21)：24－26.

②转引自韩秀丽. 中国海外投资的环境保护问题：基于投资法维度的考察 [J]. 厦门大学学报（哲学社会科学版），2018 (3)：148－159.

海外投资不因东道国的环境规制而蒙受损失的问题。

2012 年 4 月，美国政府发布了新修订的《双边投资协定范本》，大大加强了投资和环境条款，以若干方式增加对环境保护的承诺。对于这个新版协定范本，我和学生们进行了仔细研读。我们认识到，一个注重环保的双边投资协定无论是从全球环境保护的宏观层面还是从东道国对国际投资环境规制的微观层面，都是有利于资本输出国投资利益的实现及东道国经济的可持续发展的。因此，研究国际双边投资协定中的环境保护条款就成为我们很长时间内的一个重要内容，并在此后将这个研究拓展到多边国际投资协定中的环境例外条款。

在研究国际投资协定中环境例外条款的同时，我们还思考这样一个问题：如果因东道国的环境规制措施导致外国投资者的利益受损，那么外国投资者的投资利益如何得到保障？为此，我们挑选了比较典型的涉环境国际投资仲裁案件进行研读并分析，希望能够从案例中总结出投资者成功维权的经验以及维权失败的原因。"他山之石可以攻玉"，中国海外企业在同类争端解决中由此也能加以借鉴和吸取。

几年的时间过去了，我积累了一些中国企业海外投资的资料，并进行了一些思考。后来，我又想到一个问题，中国海外投资会因环境问题与东道国产生投资争端，那么外国投资在中国也会面临同样的问题。由此，我翻阅了大量关于跨国公司环境责任的法律文件，包括国际法文件和国内法文件，还对相关涉环境投资争端的司法实践进行了关注。

就这样，我在讲授"环境法治与经贸专题研究"课程的过程中，对环境法治与国际投资方面内容的知识积累得越来越多，通过与同学们的探讨和交流，思考的问题也在不断增加，收获颇丰。我将多年来的积累与思考进行梳理与拓展，一则是对这门课程的总结，二则是对当前环境治理视域下国际投资法律问题的反思与探究。在此，我要感谢那些选修了我这门课的同学们，正是在与他们不断地交流和讨论中，我产生了一个个思想火花，并在进一步的讨论甚至辩论中有所收获。所谓教学相长，大概就是如此吧！

二、文献综述

（一）国内研究现状

国内学者对该主题的研究主要体现在以下几个方面：

1. 关于国际投资与环境保护的关系

关于国际投资与环境保护的关系,学者们仁者见仁,智者见智。不过,总体而言,大部分学者都能够辩证地看待国际投资与环境保护之间的关系。主要有以下几种观点:

(1) 国际投资对环境的影响有正反两个方面。这种观点着眼于国际投资对环境保护的影响,例如,沈伟较早就提出国际投资活动过程中的技术转让和资金投入也促进了东道国环保工业和技术的发展,从而推动了国家之间深层次、广泛的环保合作,但国际投资规模的扩大也增加了资源使用量、废物排放量和污染的强度。①

(2) 国际投资与环境保护之间的关系并不绝对。持这种观点的学者认为,二者之间的关系如何取决于多种因素。如,王艳冰主张:国际投资与环境保护相互"影响的性质在很大程度上与投资者技术能力、投资者的价值取向以及所投行业有关,还与投资吸收国的环境政策法规、执法力度及政治体制等有着千丝万缕的联系"②。

(3) 国际投资与环境保护之间是动态变化的关系。以银红武为代表的学者持这种观点。银红武指出,国际投资活动的复杂性使得外国投资者利益与东道国环境利益之间摩擦不断,二者关系呈动态变化。原因有三点:一是投资活动的两面性;二是底线竞争的原因;三是东道国环境监管权力与投资者日益壮大力量的对决。③

(4) 国际投资与环境保护的关系是具体的,取决于一国经济发展所处的阶段。持这种观点的学者对国际投资与环境保护之间关系的研究视角较为独特,他们认为对于特定国家来说,外国投资和环境保护之间的关系会随着该国经济发展水平的提高而发生变化。如,张德强根据国际投资发展的历史宏观考察了外国投资对东道国环境的影响情形。④ 考察的结论如下:在一个国

---

① 沈伟. 国际投资中的环境保护问题 [J]. 现代法学, 1996 (4): 90 - 92.

② 王艳冰. 将环境保护纳入国际投资协定的必要性 [J]. 法治论丛, 2009 (4): 61 - 68.

③ 银红武. 涉环境国际投资仲裁案中比例原则的适用 [J]. 广州大学学报 (社会科学版), 2018 (9): 52 - 58.

④ 张德强. 外国直接投资与环境保护的冲突与融合:兼论我国如何平衡 FDI 与环境保护的关系 [J]. 国际贸易问题, 2007 (9): 57 - 63.

家经济发展的早期阶段到成熟阶段，外国投资与环境保护具有很强的负相关性。经济进入成熟阶段以后，一国会采取有力的环保措施，外国投资也会向环境友好方向发展，东道国的环境得到缓解和改善。

2. 关于国家对外资的环境规制的研究

国家对外资的环境规制就是国家基于环保目的对外资设置的限制，表现为在其外资法中设立一系列环保要求或在环境法中对外资设置一系列限制。对此，国内学术界不少学者对国家外资法中的环保要求进行了分析。沈伟根据具体立法方式的不同，将国家对外资的环境规制大致分为三类：第一类是东道国的保护性立法，对外国投资自然资源等行业进行严格限制；第二类是东道国以环境保护作为审批外资项目的评估标准，对于不能满足环保要求的项目就不予批准；第三类是东道国对外国投资环境产业采取鼓励措施。① 张嫚将环境规制分为正式环境规制和非正式环境规制两种类型，前者主要包括命令控制型环境规制和以市场为基础的激励型环境规制，后者主要方法包括环境管理认证与审计、生态标签、环境协议等。② 赵玉民等将环境规制分为显性环境规制和隐性环境规制两类，前者又分命令控制型环境规制、以市场为基础的激励型环境规制和自愿型环境规制三种类型；后者是指内在于个体的、无形的环保思想、环保观念、环保意识、环保态度和环保认知等。③ 彭星等将环境规制划分为命令控制型、经济激励型和自愿意识型环境规制。其中，命令控制型环境规制是指政府部门或者环保机构制定的环境保护方面的法律、法规和政策；经济激励型环境规制是指政府部门利用价格和费用等市场化手段，通过激励企业绿色技术创新来降低环境污染水平；自愿意识型环境规制是指企业和居民自由参与的旨在节约资源和保护环境的承诺或行动，自愿性是其主要特点。④

---

① 沈伟. 国际投资中的环境保护问题 [J]. 现代法学，1996 (4)：90 - 92.

② 张嫚. 环境规制与企业行为间的关联机制研究 [J]. 财经问题研究，2005 (4)：34 - 39.

③ 赵玉民，朱方明，贺立龙. 环境规制的界定、分类与演进研究 [J]. 中国人口·资源与环境，2009 (12)：85 - 90.

④ 彭星，李斌. 不同类型环境规制下中国工业绿色转型问题研究 [J]. 财经研究，2016 (7)：134 - 144.

3. 关于中国海外投资环境风险的研究

随着中国经济的增长，中国海外投资的规模不断扩大，但与海外投资相伴而生的环境风险也在增加。对此，国内学界给予深切关注，并取得了一些研究成果。内容主要涉及以下几个方面：

（1）中国海外投资面临何种环境风险。韩秀丽提出中国海外投资面临四种环境风险：一是东道国的环境规制风险；二是东道国政府过度行使环境规制权的风险；三是东道国环境保护不作为的风险；四是面临国际组织、非政府组织（NGO）及当地居民以环境为由的抵制，甚至是当地居民的环境损害求偿风险。① 任博远将中国海外投资面临的环境风险分为三类：在东道国被间接征收的风险；在东道国卷入环境诉讼的风险；缺乏诉诸国际仲裁救济手段的风险。②

（2）中国海外投资存在环境风险的原因。葛察忠指出，中国海外投资存在的环境风险是由多种原因造成的：一是中国的环境投资地是自然和社会环境保护最敏感的地方，且投资的行业与当地的环境关系密切；二是缺乏系统而全面的环境政策指引；三是中国海外企业社会责任感有待提升；四是企业规模对企业的环境行为有较大的关联性。③ 韩秀丽认为，中国海外投资的产业与地理分布容易诱发环境风险：中国的海外投资仍主要集中在污染较重行业；中国海外投资地理分布分散在环境脆弱地区。④ 任博远认为，除了这两个原因，中国海外投资企业的环保意识不强、东道国市民社会的环保意识增强以及西方国家出于政治目的的恶意攻击等综合起来造成了中国海外投资环

---

① 韩秀丽. 中国海外投资的环境保护问题 [J]. 厦门大学学报，2018（3）：148 - 159.

② 任博远. 中国海外直接投资的环境保护问题研究 [D]. 长春：吉林大学，2015：3 - 5.

③ 葛察忠. 中国对外投资中的环境保护政策 [M]. 中国环境科学出版社，2010：33 - 35.

④ 韩秀丽. 中国海外投资中的环境保护问题 [J]. 国际问题研究，2013（5）：103 - 115.

境风险的产生。[1]

（3）化解中国海外投资中环境风险的对策。有的学者主张中国应该规制海外投资地的环境保护，韩秀丽、尚磊等持此种观点。韩秀丽提出，中国规制海外投资地环境的理由有三个：政治上，作为未来可能的领袖型国家，中国不应该输出污染；[2] 经济上，海外投资地环境保护是保护其海外投资的另一种方式；[3] 法律上，一国的某些国内法可以在外国适用于本国国民、公司或本国控制的公司，而且可以弥补东道国环境立法、行政与司法的不足。[4]

还有学者从国际环境法发展的趋势这个宏观视角提出了自己的立场和看法，其中，何力较具代表性。他以中国海外能源投资为例，指出中国在海外能源投资上应对国际环境法硬法化挑战要以中国作为发展中大国的立场为出发点。[5] 韩秀丽提出要争取签订包含环境条款的国际投资协定，将保护环境作为一种法律义务来对待，同时从立法和司法上加强对海外投资者的约束以规范其影响海外投资环境的行为。[6] 蒋妲主张从以下三个方面推动中国海外投资的绿色化：重视环保国际标准；加强环保政策指引；提升企业环境履责能力。[7]

4. 关于在华外国投资与中国环境保护的研究

外资在加快中国经济发展的同时也给中国环境带来极大负面影响，在此背景下中国采取了相应环境规制措施以处理外国投资与工业污染之间的关

---

①任博远. 中国海外直接投资的环境保护问题研究 [D]. 长春：吉林大学，2015：6－8.

②韩秀丽. 中国海外投资地环境保护：母国规制方法 [J]. 国际经济法学刊，2010（4）：148－162.

③同上。

④韩秀丽. 中国海外投资地环境保护：母国规制方法 [J]. 国际经济法学刊，2010（4）：148－162.

⑤何力. 国际环境法硬法化趋势下的中国海外能源投资 [J]. 东方法学，2011（1）：71－77.

⑥韩秀丽. 中国海外投资中的环境保护问题 [J]. 国际问题研究，2013（5）：103－115.

⑦蒋妲. 走出海外投资安全的雷区：冲突风险评估与管理 [M]. 北京：中国经济出版社，2013：44－45.

系。对此，国内学界从多个角度进行了研究。

（1）外资企业对中国环境的影响。谷艳丽认为在华外国企业投资选择的地区，与我国环境重度污染的地区有着很大的相似性。这说明外国企业与中国较重的环境污染有着某种必然的联系。[1] 刘英骥等通过实证研究得出了否定"污染天堂假说"的结论：外资投资对"三废"高污染的产业投资力度不高；外资企业在生产中运用环保技术的努力程度和效果都明显高于国内其他类型的企业。[2] 冼国明等学者认为，要对跨国公司在华投资企业的环境表现进行一般性的概括是困难的，这不仅因为各外资企业的环境业绩差别很大，而且还很难判断这种差别是来自跨国界特征还是其他一些因素[3]。吕雄鹰对我国中东西地区外国投资与生态环境质量进行现状分析，探讨外国投资影响环境质量的机理，并通过构建联立方程系统，实证检验环境管制下外国投资对生态环境质量的影响效应。[4]

（2）外资企业的在华环境责任。张辉主张，跨国公司环境法律责任的归责原则包括过错责任原则、无过错责任原则、风险责任原则和利益衡量原则。跨国公司环境法律责任的承担形式有三种：跨国公司的环境法律责任；国家责任；国际赔偿责任。[5] 张丽霞认为，外资企业承担的基本企业环境责任的主要原因是相关法律法规的要求，承担的中级企业环境责任的主要原因是提升企业品牌形象，承担的高级企业环境责任的主要原因是获取企业高端经营合法性。[6]

（3）影响外资企业在中国环境行为的因素。冼国明等认为，在华跨国公

---

① 谷艳丽. 在华外国企业环境污染责任承担分析 [D]. 长春：吉林大学，2014：24.

② 刘英骥，邹昭晞. 外资企业在华环境责任实证研究 [J]. 中央财经大学学报，2009 (11)：78 - 81＋91.

③ 冼国明，张诚. 欧洲跨国公司在华投资企业的环境管理及其影响 [J]. 南开管理评论，2001 (5)：50 - 55.

④ 吕雄鹰. 环境管制下 FDI 与生态环境质量的关系：我国中、东、西部地区的比较研究 [M]. 北京：经济科学出版社，2014.

⑤ 张辉. 论跨国公司环境法律责任的归责原则及承担形式 [J]. 环境资源法论丛，2005：172 - 197.

⑥ 张丽霞. 生态文明视角下外资企业环境责任行为驱动因素实证研究 [J]. 生态经济，2017 (12)：97 - 100.

司子公司的环境行为决定于多种因素：国内环境管理制度的压力；跨国公司环境管理政策的压力；国内外市场上消费者对产品环保质量的要求；中国市场的压力；全球市场的压力；所有权控制与环境管理。①

（4）中国的环境规制对外国投资的影响。江珂认为中国环境规制对来自发展中国家的外商直接投资影响较大，宽松的环境规制政策不会成为外国投资在中国各省进行区位选择时的唯一甚至是首要因素；环境规制对20个污染密集型行业外商直接投资在中国的行业份额没有影响。② 董婉怡、吴传琦、辛大楞等学者指出单独分析环境规制强度对外资撤离的影响时，其影响为正且高度显著，但在综合分析影响外资撤离的因素时，环境规制这一因素的影响方向却发生了变化。③

5. 关于双边投资协定中的环境条款的研究

学界关于双边投资协定中环境条款的研究主要集中在三个方面：中国双边投资协定中的环境条款；美国双边投资协定中的环境条款；加拿大双边投资协定中的环境条款。

（1）关于中国双边投资协定中的环境条款的研究。张薇剖析了中外双边投资协定中环境条款存在的不足。④ 刘正重点分析了中国—新西兰FTA中的环境条款，认为发达国家在投资协定中加入环境条款大多是为推进投资自由化而装潢门面。⑤ 宋昕芮将中外双边投资协定中环境条款的发展划分为四个阶段，⑥ 并提出了应对双边投资协定中环境条款发展趋势的基本策略。王

---

① 冼国明，张诚. 欧洲跨国公司在华投资企业的环境管理及其影响 [J]. 南开管理评论，2001（5）：50-55.

② 江珂. 中国环境规制对外商直接投资的影响研究 [M]. 北京：中国财政经济出版社，2011.

③ 董婉怡，吴传琦，辛大楞. 最低工资标准、地区环境规制与外资企业撤离 [J]. 金融与经济，2021（1）：56-62.

④ 张薇. 论国际投资协定中的环境规则及其演进：兼评析中国国际投资协定的变化及立法 [J]. 国际商务研究，2010（1）：56-63.

⑤ 刘正. 中国国际投资协定的环境条款评析与完善思考 [J]. 法学杂志，2011（12）：90-93.

⑥ 宋昕芮. 浅析中国双边投资协定中的环境保护条款 [J]. 市场研究，2018（7）：13-15.

亮专门分析了"一带一路"倡议下中国 FTA 环境条款构建的必要性与可行性，并在对中国当前投资协定 FTA 环境条款与《全面与进步跨太平洋伙伴关系协定》(CPTPP) 环境条款进行比较研究的基础上提出了中国 FTA 环境范本的建议。[①]

（2）关于美国、加拿大双边投资协定中的环境条款的研究。徐崇利指出美国和加拿大 2004 年 BIT 范本对东道国以维护环境为目标而采取的管理措施设定了严格的间接征收认定标准。[②] 龚新巧认为这两个范本与以往的 BIT 相比有一个重大的变化是对间接征收的界定由"单一行为效果标准"转变为"行为效果与性质标准"[③]。王艳冰认为，美国 2012 版 BIT 对环境保护的强化主要表现为用语、款项变化和内容增加，但却因很强的政策属性，其法律意义因而打折。[④]

6. 关于区域性国际投资协定中环境条款的研究

（1）关于《北美自由贸易协定》(NAFTA) 中环境条款的研究。刘笋认为，NAFTA 在其投资章节中直接规定了环境条款，将投资问题与环境问题直接挂钩，这是晚近国际投资条约发展变化中的一个新的突破，[⑤] 龚新巧认为，NAFTA 虽然带有"绿色"性质，但其环境规则也是软弱的。[⑥] 张薇指出："在 NAFTA 关于环境和投资的争端实践中，缔约国的种种环境保护措施往往被指称为违背了国民待遇、最惠国待遇或在实行履行要求以及在进行

---

①王亮. "一带一路"倡议下中国 FTA 环境条款的构建 [J]. 新疆社科论坛，2019 (6)：60 - 64.

②徐崇利. "间接征收"之界分：东道国对外资管理的限度 [J]. 福建法学，2008 (2)：2 - 7.

③龚新巧. 国际投资协定和我国环境措施的冲突和协调 [J]. 武汉轻工大学学报，2015 (2)：91 - 97.

④王艳冰. 美国新版 BIT 对环境保护的强化及中国对策 [J]. 上海政法学院学报（法治论丛），2015 (4)：40 - 48.

⑤刘笋. 国际投资与环境保护的法律冲突与协调：以晚近区域性投资条约及相关案例为研究对象 [J]. 现代法学，2006 (6)：34 - 44.

⑥龚新巧. 国际投资协定和我国环境措施的冲突和协调 [J]. 武汉轻工大学学报，2015 (2)：91 - 97.

征收或间接征收，保护措施如同镜花水月。"① 刘笋、王效文等认为，NAF-TA 在实践中难以实现投资环保利益平衡，原因如下：NAFTA 没有赋予环保条款强有力的地位；NAFTA 模式之前历史形成的环保和投资这两种利益代表者之间的互不信任；NAFTA 下的投资规则对投资者提供了过分的保护；仲裁员没能与时俱进。②

（2）关于《美墨加协定》（USMCA）中环境条款的研究

边永民指出与中国国际投资协定中的环境章节相比，《美墨加协定》更加强调实施，有强制的争议解决机制，在该领域内树立了很高的标准。③ 陈筱玮指出：USMCA 设立专章对环境进行规定，是对 NAFTA 的一大突破，也是投资协定中首个设立专门环境章节的协定，体现了对环境问题的重视。④

（3）关于《跨太平洋伙伴关系协议》（TPP）与《全面与进步跨太平洋伙伴关系协定》中环境条款的研究

李丽平等指出 TPP 的环境标准是指所涉及的范围维度、义务维度和约束维度的综合程度，⑤ TPP "环境标准" 虽然 "高于目前国际上大多数自贸协定，但并未取得'质'的飞跃"⑥，建议中国 "开展贸易协定环境议题的顶层设计，制定示范文本，在中韩自贸协定中先行先试"⑦。汪源等分析了

---

①张薇. 论国际投资协定中的环境规则及其演进：兼评析中国国际投资协定的变化及立法 [J]. 国际商务研究，2010（1）：56 - 63.

②刘笋. 国际投资与环境保护的法律冲突与协调：以晚近区域性投资条约及相关案例为研究对象 [J]. 现代法学，2006（6）：34 - 44. 王效文. 国际投资中环境保护法律问题研究：以《北美自由贸易协定》为例 [J]. 北京邮电大学学报（社会科学版），2014（5）：33 - 39.

③边永民.《美墨加协定》构建的贸易与环境保护规则 [J]. 经贸法律评论，2019（4）：27 - 44.

④陈筱玮. 国际投资协定中的环境条款研究 [D]. 武汉：武汉大学，2019.

⑤李丽平，张彬，肖俊霞，赵嘉. TPP 的环境标准到底有多高？[N]. 2015 - 12 - 01（2）.

⑥李丽平，张彬，肖俊霞. TPP 的 "环境标准" 及对中国的影响趋势 [J]. 对外经贸实务，2016（7）：10 - 13.

⑦李丽平，张彬，陈超. TPP 环境议题动向、原因及对我国的影响 [J]. 对外经贸实务，2014（7）：11 - 14.

TPP 环境章节的亮点及存在的问题，提出了未来 TPP 环境条款的完善方向。[1] 朱雅妮指出 TPP 中新增的实质性环境议题条款是既往美国 FTA 环境章节中从未出现过的，他们的加入是 TPP 环境保护高标准的直观反映。[2] 郑玲丽等阐述了环境章节的制定历程，分析了相较于以往的区域性贸易协定中的环境条款，TPP 环境条款的发展变化。[3] 林迎娟认为，TPP 环境条款"被视为对美国范式的环境条款的推广与发展"，其关于环境产品与服务的自由化与应对跨境环境问题的新规定等，"确立了较为明确的环境监管框架"[4]。冯光认为 TPP 的整个环境保护法律制度都是"围绕对政府管理权合法性的规范而进行的"[5]。姚铸认为"TPP 环境条款是环境保护规则的'升级版'，是现有环境规则的'集大成者'"[6]。

唐海涛等分析了《全面与进步跨太平洋伙伴关系协定》环境规则的承诺，认为 CPTTP 第 20 章"体现了整个环境保护法律制度的一些创新之处"[7]。

（二）国外研究现状

1. 关于国际投资与环境保护的关系

国外学者对国际投资与环境保护关系的认识大致分为悲观派、乐观派和折中派三派。

悲观派认为，国际投资和环境保护之间存在着不可调和的矛盾。邢予青和查理斯·D. 科尔斯塔德认为环境规制政策迫使投资者重新审慎考虑区位

---

①汪源，赵绘宇. TPP 与环境保护 [J]. 公民与法，2014 (8)：12 - 26.

②朱雅妮. 从《跨太平洋伙伴协议》(TPP) 看美国区域贸易协定环境议题的发展 [J]. 湖南大学学报（社会科学版），2015 (9)：156 - 160.

③郑玲丽，刘畅. 环境问题的冲突与协调模式研究：以《跨太平洋伙伴关系协定》为例 [J]. 太平洋学报，2015 (4)：66 - 74.

④林迎娟. TPP 环境条款的监管框架与外溢效应：内涵与应对 [J]. 当代亚太，2016 (6)：95 - 117，157 - 158.

⑤冯光. TPP 环境条款创新对我国缔约工作的启示 [J]. 中南大学学报（社会科学版），2017 (3)：79 - 88.

⑥姚铸. TPP 环境规则的特征变化及制度启示 [J]. 甘肃政法学院学报，2018 (1)：138 - 146.

⑦唐海涛，陈功. CPTPP 环境规则：承诺、创新及对我国法完善的启示 [J]. 重庆理工大学学报（社会科学版），2019 (8)：29 - 40.

选择，促使外资向环境管制标准低的国家或地区转移。[①] 穆罕默德等采用实证研究方法，通过大量面板数据研究国际投资与环境恶化之间的关系，得出的结论是：环境库兹涅茨曲线存在，外商直接投资恶化了生态环境。[②]

乐观派认为，国际投资与环境保护之间是良性互动关系。让-玛丽·格雷瑟和杰米·德梅洛认为污染密集型行业的贸易壁垒通常比较高，发达国家的污染密集型行业不会向发展中国家转移。[③] 拉曼·雷祖马南和儿玉文雄就高科技产业与重污染产业进行了比较，指出国际投资可以通过引进环境友好型的技术和产品改进东道国的环境福利。[④] 迈克尔·E. 波特与克拉斯·范德林德等学者认为，环境规制会促使企业进行更多的创新活动，因此而提高的生产力将抵消环保成本，并进一步提升企业在市场上的盈利能力。[⑤] 在此基础上，亚当·B. 杰夫和凯伦·帕尔默论证了环境规制对企业创新的激励效应，并进而促进企业竞争力的增强。[⑥] 延斯·霍巴赫则通过建立面板数据模型论证环境规制、环境管理工具以及一般组织变革能够鼓励环境创新。[⑦]

---

①Xing，Yuqing & Kolstad，Charles，1996. "Environment and Trade：A Review of Theory and Issues，"MPRA Paper 27694，University Library of Munich，Germany.

②Muhammad Shahbaz & Samia Nasreen & Talat Afza，2014. "Environmental Consequences of Economic Growth and Foreign Direct Investment：Evidence from Panel Data Analysis，" Bulletin of Energy Economics（BEE），The Economics and Social Development Organization（TESDO），vol. 2（2），pages 14 - 27，June.

③Jean—Marie Grether，Jaime de Melo. Globalization and Dirty Industries：Do Pollution Havens Matter? ［D］. Centre for Economic Policy Research，2003：No. 3932.

④Raman Letchumanan，Fumio Kodama. Reconciling the conflict between the 'pollution—haven' hypothesis and an emerging trajectory of international technology transfer. r［J］. Research Policy，2000（ 1）：59 - 79.

⑤Michael E. Porter，Claas van der Linde. Toward a New Conception of the Environment—Competitiveness Relationship［J］. Journal of Economic Perspectives，1995（4）：97 - 118.

⑥Adam B. Jaffe ，Karen Palmer. Environmental Regulation and Innovation：A Panel Data Study［J］. Review of Economics & Statistics，1997（4）：610 - 619.

⑦Jens Horbach. Determinants of environmental innovation—New evidence from German panel data sources ［J］. Research Policy，2006（1）：167 - 173.

折中派认为，国际投资和环境保护之间关系比较复杂，非常"模糊"。乔治·E.维努阿莱斯认为外国投资与环境保护之间的关系有两个方面：一方面外国投资可以通过财政和技术转让成为可持续发展的载体；另一方面外国投资因其生产过程和方法有风险或有害可以构成对东道国环境的威胁。[①]沙米马·菲尔多西和萨希杜尔·拉赫曼指出：外国直接投资对发展中国家的环境影响可能是积极的，也可能是消极的，这取决于很多因素，特别是东道国的政策。[②]

2. 关于区域性国际投资协定环境条款的研究

（1）关于《北美自由贸易协定》（NAFTA）与《美墨加协定》（USCMA）环境条款的研究

学者关于 NAFTA 环境条款的研究主要围绕环境条款存在的问题进行。霍华德·曼和康拉德·冯·默特克认为，NAFTA 第 11 章的征用条款颠覆了现代环境政策中至关重要的污染者付费基本原则，因此而导致的东道国环境立法的"不确定性和不可预测性"也将是深远的。[③] 戴安娜·奥雷哈斯认为，NAFTA 对环境的保护"喜忧参半，任何期待美墨边境状况迅速改善的人都感到失望"[④]。布拉德利·迈革力则指出虽然北美自由贸易协定和 NAAEC 在自由贸易协定中为环境问题树立了先例，但还需要做更多的工作

---

①Jorge E. Viñuales. Foreign Investment and the Environment in International Law：An Ambiguous Relationship，British Yearbook of International Law，2009（1）：244 – 332.

②Shameema Ferdausy，Md. Sahidur Rahman. Impact of Multinational Corporations on Developing Countries［J］. The Chittagong University Journal of Business Administration，Vol. 24，2009：111 – 137.

③Howard Mann，Konrad von Moltke. NAFTA's Chapter 11 and the Environment：Addressing the Impacts of the Investor－State Process on the Environment［R］. International Institute for Sustainable Development，2002：1 – 79.

④Gary Clyde Hufbauer（PIIE），Diana Orejas（PIIE）. NAFTA and the Environment：Lessons for Trade Policy. Speech delivered at the International Policy Forum organized by The Bildner Center Western Hemisphere Studies 28 February 2001.

来确保充分执行环境条款。①

诺埃米·劳伦斯等对 USMCA 中的环境条款进行了研究，指出：相较于 NAFTA 制定的大量新环境条款，USMCA 在环境规则的制定上创新性不够，② 而且缺少气候条款，减少了与多边环境协议相关的环境条款。③ 凯拉·蒂恩哈拉认为，尽管在 USMCA 框架下"投资者挑战保护环境的监管行动将变得更加困难，但政府在制定和采纳监管措施方面也将更加困难"④。巴沙尔·H. 马卡维和沙基尔·卡兹米认为，USMCA 第 24 章是目前所有贸易协定环境条款中最先进、最全面的，尤其是它纳入了 7 项多边环境协议，但 USMCA 并没有解决气候危机，"涉及约束性气候标准和承诺的诸如《巴黎协定》这样的条约却被忽略了"⑤。

（2）关于《跨太平洋伙伴关系协定》（TPP）与《全面与进步跨太平洋伙伴关系协定》（CPTTP）环境条款的研究

部分学者对 TPP 环境条款给予了肯定。Ai‐Li Chiong‐Martinson 认为，TPP 建立的环境争端解决制度"扩大了东道国出于环境目的进行监管的权力"，使得环境监管得到加强，外国投资因此增加。⑥ 让‐弗雷德里克·莫林和纪尧姆·博米埃指出 TPP 是目前为止"最为环境友好的协议之一"，不

---

①Bradley Mall，The Effect of NAFTA′s Environmental Provisions on Mexican and Chilean Policy[J]. The International Lawyer ,1998(1):153 - 187.

②相较于 NAFTA 而言，它仅增加了三个新环境条款。

③Noémie Laurens ,Zachary Dove,Jean‐Frédéric Morin,Sikina Jinnah. NAFTA 2.0: The Greenest Trade Agreement Ever? [J]. World Trade Review ,2019(4):659 - 677.

④Kyla Tienhaara. NAFTA 2.0:What are the implications for environmental governance? [J],Earth System Governance,2019(1):1 - 4.

⑤Bashar H. Malkawi and Shakeel Kazmi,Dissecting and Unpacking the USMCA Environmental Provisions:Game‐Changer for Green Governance?,JURIST‐Academic Commentary,June 6,2020.

⑥Ai‐Li Chiong‐Martinson. Environmental Regulations and the Trans‐Pacific Partnership:Using Investor‐State Dispute Settlement to Strengthen Environmental Law[J]. Seattle Journal of Environmental Law,2017(1):76 - 105.

过 TPP 的环境条款很少是真正的法律创新。① 也有学者对 TPP 环境条款提出了不同看法。马修·瑞莫认为，TPP 的部分章节不利于可持续发展目标，潜在地破坏了联合国在整个太平洋地区促进可持续发展和平等的努力。② 克里斯·沃尔德甚至认为 TPP 环境条款是"一份充满模糊和空洞承诺的文件"，这些条款"错失了一个通过具体的国内法律义务和国际合作行动来解决该地区一些最严重的环境问题的机会"③。

关于 CPTTP 环境条款的研究主要聚焦于相关条款存在的不足和问题。赛义达·塔斯尼亚·哈桑认为，CPTTP 环境条款关注的问题超越了大多数自由贸易协议，但没有提及二氧化碳排放或气候变化问题，环境压力的增加将使贸易伙伴无法实现可持续发展目标。④ 希尼亚·马塔诺提出 CPTTP 环境条款"强烈反映了美国贸易代表办公室（USTR）在 TPP 谈判时的主张"；日本与 CPTPP 成员国在环境问题上的合作会进一步增强，日本企业因此而获得更多商机。⑤ Jung，Haneul 和 Jung，Nu Ri 指出：CPTPP 将争端解决机制扩展到了东道国并不一定会影响外国投资的环境措施；这种争端解决机制并不是为了解决"纯粹环境"性质的义务而设计，因此协议未能提供有效

---

①Jean－Frédéric Morin，Guillaume Beaumier. TPP environmental commitments：Combining the US legalistic and the EU sectoral approaches，ICDST－Bridges News－Biores－News archive－29 April 2016.

②Mathew Rimmer，The Trans－Pacific Partnership poses a grave threat to sustainable development，The Fifth Estate－Business & Politics－Government/Regulations－12 November 2015.

③Chris Wold，Empty Promises and Missed Opportunities：An Assessment of the Environmental Chapter of the Trans－Pacific Partnership，Center for International Environmental Law－Research & Publications，November 2015.

④Syeda Tasnia Hasan. Carbon Implications of the Comprehensive and Progressive Agreement for Trans－Pacific Partnership. University of Waterloo. Master，2019.

⑤Shinya Matano. USTR's Stance Reflected in CPTPP Environment Chapter. Mitsui & Co. Global Strategic Studies Institute Monthly Report September 2018.

的机制来执行这些义务。[1]

3. 关于双边投资协定环境条款的研究

凯瑟琳·戈登和约阿希姆·波尔研究了带有环境条款的双边投资协定，分析了这些双边投资协定环境条款的异同，并对环境条款涉及的政策目的进行了解读。[2] 奈菲勒·齐亚拉分析了环境条款可能产生的影响，并对这些条款最终是否有利于环境保护提出了自己的看法。[3] 麦迪逊·康顿对 2004 年版和 2012 年版双边投资保护协定的环境条款进行了比较研究，指出 2012 年 BIT 模式环境条款得到了大幅加强，该版本以多种方式增加了对环境保护的承诺。[4]

4. 关于国家对外国投资的环境规制的研究

部分学者通过建立模型研究了国家的环境规制与外国投资之间的关系。拉希里·萨亚认为：（1）国家的环境规制对国际投资的影响。海伦. T. 诺顿认为东道国的环境规制减少了外国直接投资，而母国的环境管制使得流向低环境管制国家的投资减少，流向高环境管制国家的投资增加。[5] 马修·A. 科尔等学者认为国家的环境规制措施会影响外国投资的流向，但环境规制成

---

①Jung，Haneul & Jung，Nu Ri. Enforcing "Purely" Environmental Obligations Through International Trade Law：A Case of the CPTPP's Fisheries Subsidies[J]. Journal of World Trade 53，no. 6(2019)：1001 – 1020.

②Kathryn Gordon and Joachim Pohl(2011)，"Environmental Concerns in International Investment Agreements：a survey"，OECD Working Papers on International Investment，No. 2011/1，OECD Investment Division.

③Nyfeler Chiara. Including environmental protection in international investment agreements. Université de Genève. Master，2015.

④Condon，Madison，The Integration of Environmental Law into International Investment Treaties and Trade Agreements：Negotiation Process and the Legalization of Commitments. Virginia Environmental Law Journal，Vol. 33，No. 1，2015.

⑤Naughton，Helen T.，2014. "To shut down or to shift：Multinationals and environmental regulation," Ecological Economics，Elsevier，vol. 102 (C)，pages 113 – 117.

本仅是影响外国投资者决定投资地点的因素之一。[1] 约书亚·马修·阿努杰和布维·R. 迪杰斯特拉等指出当迁移使得竞争对手的成本远高于自身的成本时，投资者倾向于迁往环境规制更严格的国家；当外国投资者迁往母国时，国内政府会以提高环境税率作为回应。[2] 罗伯特·JR. 伊利奥特等学者认为国家更严格的环境标准可以导致外资流入的战略增加，而跨国公司更有可能进入那些环境规制比其母国更明确、更稳定、更严厉的国家。[3][4] 约翰·A. 李斯特等学者分析了 1986—1993 年国家环境规制对跨国公司新厂选址决策的影响，认为国家不同的环境规制强度会导致跨国公司不同的选址决策。[5] 邢予青和查理斯·D. 科尔斯塔德则通过对美国污染控制成本高的行业以及污染控制成本较低的行业的实证研究，提出宽松的东道国环境规制是美国对重污染行业对东道国投资的重要决定因素，而对低污染行业的则不显著。[6]

（2）国际投资对国家环境规制的影响。拉希里·萨亚等学者认为当外国直接投资市场没有变化时，国家的环境标准更加严厉；该市场发生变化时，

---

[1]Matthew A. Cole，Robert J. R. Elliott，and Liyun Zhang，Foreign Direct Investment and the Environment，Annual Review of Environment and Resources，Vol. 42：465 - 487（Volume publication date October 2017）

[2]Joshua Mathew Anuj & Bouwe Dijkstra & Arijit Mukherjee，2007. "Environmental Regulation：An Incentive for Foreign Direct Investment," Energy and Environmental Modeling 2007 24000002，EcoMod.

[3]Robert J R Elliott，Ying Zhou，Environmental Regulation Induced Foreign Direct Investment. Environ Resource Econ 55，141 - 158（2013）.

[4]Jorge Rivera，Chang Hoon Oh，Environmental Regulations and Multinational Corporations'Foreign Market Entry Investments，May 2013Policy Studies Journal 41（2）：243 - 272

[5]John A. List，Catherine Y. Co. The Effects of Environmental Regulations on Foreign Direct Investment，Journal of Environmental Economics and Management，Volume 40，Issue 1，July 2000，Pages 1 - 20.

[6]Yuquing Xing & Charles D. Kolstad. Do Lax Environmental Regulations Attract Foreign Investment?. Environmental and Resource Economics 21，1 - 22（2002）.

国家对污染的数量限制的相对规模是不明确的。[①] 马修·科尔和罗伯特·埃利奥特等学者指出外国直接投资对东道国环境规制有影响，且影响的大小与地方政府的腐败程度有关。[②]

（3）东道国的特定环境规制措施对外国直接投资的影响。弗朗西斯卡·塞纳·兰达乔等分析了国家的单边气候政策对排放密集型外国直接投资的国际区位战略影响。[③] 瑞玛·汉纳指出美国《清洁空气法修正案》严格管制导致美国跨国公司增加了海外投资，但对发展中国家的投资并没有出现异常增加。[④] 索尼亚·本·柯海德和纳塔列·祖格拉武认为法国对发达国家、大多数新兴经济体以及中欧和东欧国家的投资存在着强烈的污染避风港效应，但对大多数独联体国家和发展中国家则并非如此。[⑤]

5. 关于跨国公司在东道国的环境责任的研究

（1）跨国公司对东道国环境损害承担责任的必要性、障碍和方式。阿尔弗雷德·S. 法哈分析了跨国公司在环境问题上应扮演的角色，强调了跨国公司对环境的责任及其与政府和公众合作的必要性。[⑥] 埃丽萨·莫尔杰拉考

---

①Lahiri, Sajal and Kayalica, M. Ozgur, Strategic Environmental Policies in the Presence of Foreign Direct Investment. Environmental and Resource Economics volume 30, issue 1, January 2005: 1 – 21.

②Cole, Matthew A. and Elliott, Robert James Ross and Fredriksson, Per G., Endogenous Pollution Havens: Does FDI Influence Environmental Regulations? University of Nottingham Research Paper No. 2004/20.

③Francesca Sanna—Randaccio, and Sestini, Roberta, The Impact of Unilateral Climate Policy with Endogenous Plant Location and Market Size Asymmetry (August 2012). Review of International Economics, Vol. 20, Issue 3, pp. 580 – 599, 2012.

④Hanna, Rema. 2010. "US Environmental Regulation and FDI: Evidence from a Panel of US—Based Multinational Firms." American Economic Journal: Applied Economics, 2 (3): 158 – 89.

⑤Sonia Ben Kheder, Natalia Zugravu, Environmental regulation and French firms location abroad: An economic geography model in an international comparative study, Ecological Economics Volume 77, May 2012, Pages 48 – 61.

⑥Alfred S. Farha, The Corporate Conscience and Environmental Issues: Responsibility of the Multinational Corporation, 10 Nw. J. Int'l L. & Bus. 379 (1989 – 1990)

察了跨国公司应该遵守的国际环境标准，并就达成跨国公司环境责任国际协定以及在双边投资条约中纳入投资者遵守国际环境标准义务提出了自己的设想。[1] 罗伯特·V. 波西瓦尔认为随着各国加强本国的环境损害赔偿责任标准，国家接受外国原告诉讼的能力和制定承认外国判决的互惠标准将变得越来越重要；跨国私人诉讼将有助于进一步推动全球责任规范的发展，这些规范最终将成为全球环境法新架构的重要组成部分。[2] 鲁斯塔姆·辛格·塔库尔认为现行国际环境法没有为环境破坏受害者提供法律救济的途径，国际环境条约没有直接将义务赋予跨国公司，发展中国家的法院无法运用复杂的环境评估方法来确定补救金额。[3]

（2）外国投资者母公司承担环境责任问题。萨姆维尔·瓦维斯汀和费利西蒂·卡伦加认为韦丹塔诉朗戈韦案中，英国母公司因其子公司在海外对东道国造成环境损害而负有注意义务；英国法院对此类案件可能具有管辖权。[4]埃尔维斯·欧耶达认为，韦丹塔资源有限公司诉隆戈威等人一案中，英国最高法院确定的母公司所在国法院可能具有审理此案的管辖权，但是否会鼓励母公司采取旨在遵守国际环境标准的措施是值得怀疑的。[5] 加里·布莱德肖认为，韦丹塔资源有限公司诉隆戈威等人一案表明：英国最高法院认为其判决为未来类似的诉讼"打开了大门"，但母公司可能不会全面报告集团的管

---

[1] Elisa Morgera（2009），Corporate Accountability in International Environmental Law，The Journal of World Energy Law & Business，Volume 2，Issue 3，November 2009，Pages 265 - 267.

[2] Percival，Robert V.，"Liability for Environmental Harm and Emerging Global Environmental Law". Maryland Journal of International Law，Vol. 25，p. 37，2010，U of Maryland Legal Studies Research Paper No. 2010 - 43.

[3] Thakur，Rustam Singh，Transnational Corporations and Environmental Damages（August 12，2010）. All India Reporter（AIR）2011 CLC（Mar）Page 90 Journal.

[4] Samvel Varvastian & Felicity Kalunga（2020），"Transnational Corporate Liability for Environmental Damage and Climate Change：Reassessing Access to Justice after Vedanta v. Lungowe"，Transnational Environmental Law 9（2），pp. 323 - 345.

[5] Elvis Ojeda（2021），Transnational Corporate Liability Litigation and Access to Environmental Justice：The Vedanta v Lungowe Case. The London School of Economics Law Review，6（3），pp. 223 - 248.

理和控制制度。① 汉斯范隆认为，外国投资者母国法院的民事诉讼对于界定和执行跨国公司责任具有至关重要的意义。②

（三）简评

国内外学者围绕环境法治背景下国际投资法律问题进行的研究取得了丰硕成果，特别是对双边投资协定和区域性国际投资协定中的环境条款研究比较系统和深入，对在华外资企业的环境规制及中国海外投资的环境应对问题的探讨也在不断深化和拓展。这些成果为我们进一步研究环境法治背景下的国际投资法律问题提供了重要借鉴。然而，环境法治下的国际投资法律问题不仅涉及国际投资协定中的环境条款问题，还涉及国家的单边环境规制问题，对此国内外学者主要是从环境科学或经济学角度研究国家的环境规制与外国直接投资之间的关系，而从法学角度进行的研究相对薄弱，尤其是对在华外资企业的环境规制对策的研究尚有很大拓展空间。正因如此，本课题研究不仅具有较高的实践价值，还具有独特的学术价值。

三、研究路径

在环境法治背景下，国际投资受到越来越多的环境规制。一方面，这种规制不仅体现在国家层面的国内法规制，还体现在国际层面的国际法规制。前者体现为国家通过外资法和环境法对外资设立准入门槛，并在准入后进行环境法规制；后者体现为双边投资协定、区域性投资协定及全球性投资协定越来越多地纳入环境条款。对这些内容的研究属于一般性研究，按照国际投资自由化的进程，纵向考察国际投资在环境法治背景下受到的规制与引发的问题。另一方面，从中国的角度，对国际投资的环境规制表现在两个方面：一个是中国作为资本输出国，中国海外投资在投资地受到环境规制；一个是中国作为资本输入国，对在华外资企业进行环境规制。落脚到中国的研究属

---

①Carrie Bradshaw, Corporate Liability for Toxic Torts Abroad: Vedanta v Lungowe in the Supreme Court, Journal of Environmental Law, Volume 32, Issue 1, March 2020, Pages 139 - 150.

②Hans van Loon, Principles and building blocks for a global legal framework for transnational civil litigation in environmental matters, Uniform Law Review, Volume 23, Issue 2, June 2018, Pages 298 - 318.

于特殊性研究，横向考察中国海外投资和在华外国投资的环境规制问题。因此，关于环境法治背景下的国际投资法律问题，本书采用了纵向和横向两个研究路径。

纵向研究建立在国际投资自由化基础之上，国内投资跨越国界向区域和全球拓展。伴随而来的是，环境问题也由国内向区域、全球范围内发展。与此相应地，对投资的国内环境规制、区域环境规制和全球环境规制应该运而生。本书正是遵循该发展路线，研究一般意义上环境法治背景下的国际投资法律问题。第一个层次是对环境法治与投资关系的演变进行考察；第二个层次是分析国家对外资的单边环境规制，重点分析国家对外资采取单边环境措施的主要方式；第三个层次是对双边投资协定环境条款进行探讨，重点是解读美国双边投资协定范本环境条款第 12 条，并分析双边投资协定环境条款面临的现实困难；第四个层次是以北美自由贸易区为例，对区域性国际投资的环境法制进行研究，重点分析《北美自由贸易协定》和《美墨加协定》投资领域的环境条款。由于本书的落脚点是中国，而对中国国际投资的环境规制具有较强借鉴意义的主要是双边投资协定环境条款及区域性国际投资协定环境条款，因此，本书没有研究全球性国际投资协定的环境规制情况。

横向研究建立在中国已同时成为资本输出大国和资本输入大国的基础之上，具有双重身份的中国如何对在华外资和海外投资进行环境规制，事关中国国家战略的推进和实现。本书从两个层面进行研究：一个层面是在华外国投资的环境规制，重点是中国对在华外资的环境规制存在的问题及完善建议；一个层面是中国海外投资的环境规制，重点是中国海外企业对"一带一路"沿线国家的环境问题的应对策略。

本书进行纵向研究和横向研究的过程，也是从一般到个别的过程，纵向研究针对的是一般性问题，横向研究针对的是个别性（中国）问题。两个研究维度相结合，使该课题的研究具有立体性和体系性。

第二章 环境法治与投资关系的演变

一、环境与投资的关系

环境与投资的关系较为复杂，不能一概而论。投资对环境是起促进作用还是抑制作用要看投资本身对环境的友好程度，而环境对投资的作用如何也要看投资所在地环境意识的强弱、环保措施的宽严以及投资本身的环境友好程度。因此，本书根据投资的环境友好程度将投资分为两种类型：环境友好型投资和非环境友好型投资。环境友好型投资是指"将环境保护与投资者的价值观和投资决策挂钩，强调保护环境、预防污染的投资行为"①。非环境友好型投资则与之相反。不同类型的投资，其与环境之间的关系也不同。

（一）环境友好型投资与环境的关系

1. 环境友好型投资对环境保护的影响

环境友好型投资由于强调环境保护，并有助于环境质量的提升，因此对环境的影响是积极的、正面的。这种影响主要体现在三个方面：

（1）环境友好型投资能够提高资源能源的利用率。工业革命以来，人类社会经济的增长主要是靠投资拉动的，而投资需要消耗大量的能源资源。换言之，这种投资活动的持续进行以高能源资源消耗为前提。然而，特定时期内，特定区域乃至全球的资源能源数量是有限的，投资活动的大量进行，加之人口的不断增加，对资源能源枯竭的担心已不再是杞人忧天。正是在此背景下，20 世纪 70 年代罗马俱乐部发表了"耸人听闻"的报告《增长的极限》，为沉迷于高能源消耗的经济增长方式敲响了警钟；20 世纪 80 年代世界

---

① 庞军. 时代呼唤"环境友好型投资"[J]. 绿叶，2006（6）：13-14.

环境与发展委员会发表了报告《我们共同的未来》，为人类经济的可持续发展指明了一条坦途。环境友好型投资正是可持续发展理念下的产物，它一改以往对资源能源的粗放式利用，通过技术的革新实现利用效率的大幅度提高，使得资源能源在满足当代人需求的基础上，兼顾到子孙后代的发展需要。

（2）环境友好型投资能够提高污染的治理水平。传统的投资行为完全以盈利为导向，在投资经营过程中，投资者关注更多的是如何降低成本、增加利润，而不是如何减少污染、保护环境。在投资所在地公民环境意识比较薄弱的情况下，投资者很难有进行污染控制技术升级或引进先进污染控制手段的动力，环境污染问题因而愈演愈烈。环境友好型投资是强调环境保护、预防污染的投资行为，是对传统投资行为的变革，这类投资通过发展或引进环境友好型技术实现污染的有效控制和环境的改善，提高企业的环境保护水平。在国际投资的情况下，还能促进环境友好型技术的扩散，提高东道国的污染治理水平。

2. 环境保护对环境友好型投资的影响

（1）环境意识的增强有助于环境友好型投资的形成与发展

随着环境问题的大量出现和环境事故的频频发生，人们的环境意识开始崛起并不断增强，生态观念成为主流环境意识。人们对消费品的关注不再仅仅着眼其本身，而是更多地关注到产品的环保属性，包括产品生产过程的"环保性"。与此相应地，无污染、少污染以及生产过程比较环保的产品成为消费者的首选，公众环境意识支配下的这种"环境友好型消费"倾向自然会将部分投资引入绿色生产领域，从而催生大量环境友好型投资企业的产生及快速发展。换言之，环境意识的增强增加了公众对环境友好型产品的需求，而这种需求则催生了环境友好型投资的形成与发展。

（2）投资所在地环保措施的实施有利于提高环境友好型投资的竞争力

这里的环境措施是指投资所在地政府基于环境保护目的而采取的措施，包括出台新的环境政策法规、提高环境标准等。众所周知，在同一市场上，成本是决定企业产品竞争力的关键因素，因此如何尽可能降低成本成为企业考虑的重要问题之一。显然，环境友好型投资由于环境友好型技术的使用或环境友好型管理方法的采用必然会带来成本的增加，从而在市场竞争中处于不利地位。但在投资所在地政府基于环境保护原因实施环境措施的情形下，环境友好型投资的竞争优势极有可能凸显出来。这是因为环境措施的实施会在很大程度上对一般投资形成限制，甚至将一般投资逐出竞争市场，而环境友好型投资因其对环境的较高标准保护，可能会与当地政府的环境措施要求相吻合，甚至高于当地政府环境措施的环保预期，因而得以持续发展，从而在市场竞争中取得优势地位。

（二）非环境友好型投资与环境的关系

1. 非环境友好型投资对环境保护的影响

非环境友好型投资是没有将环境保护因素考虑在内，仅追求经济效益的投资。这种投资对环境的影响是消极的、破坏性的，这种影响主要体现在以下两个方面：

（1）对自然资源的过度开采和消耗。前述，投资活动的开展是以资源能源的消耗为前提的，消耗的资源越多，生产的产品越多，投资的经济回报也就越多。由于非环境友好型投资没有将资源的可持续性开采和使用考虑在内，因此投资活动的持续进行也就意味着自然资源的无计划开采和消耗，其结果是自然资源的过度开采和消耗，环境的大规模破坏。

（2）造成环境污染的不断加剧。环境污染是指人类向环境排放超过其自净能力的物质或能量，从而使环境的质量降低，对人类的生存与发展、生态系统和财产造成不利影响的现象，包括水污染、大气污染、噪声污染、放射性污染等。自然环境具有一定的自净能力，在其自净能力范围内，非环境友好型投资活动排放的污染物质或能量不会对环境产生负面影响。但随着时间的推移，投资活动排放的污染物的持续增加，当超过环境自净能力时，环境污染问题便产生了。而基于对成本的考虑，非环境友好型投资会自觉忽略污染治理问题，环境污染因而不断加剧。在国际投资的情形下，还会表现为发达国家的重污染产业向发展中国家转移，从而将污染转嫁到发展中国家，造成后者污染问题的持续加剧，因此这类发展中国家被部分学者称为"污染避难所"。

2. 环境保护对非环境友好型投资的影响

（1）环境意识的增强会限制非环境友好型投资的发展

环境意识是参与环保的自觉性，最终体现为有利于环保的行为上。[①] 当

---

① 洪大用. 公众环境意识的成长与局限 [J]. 绿叶，2014（4）：5-14.

投资活动对环境，尤其是与人们日常生活密切相关的环境要素如水、空气、土壤等造成污染，并影响到人们的生活和身体健康时，公众环境意识就会体现为对环境质量的关切和维护，并外化为对投资活动的干扰甚至是排斥。公众会通过环境信访、环境维权、参与环境保护政策活动、媒体曝光环境污染等方式对非环境友好型投资以及当地政府进行施压，非环境友好型投资在此压力下要么在污染治理上采取措施、增加成本而导致竞争力下降，要么难以回应公众的环境意识而退出竞争市场，从而使投资行为的持续性大打折扣。

（2）投资所在地政府实施的环境措施使非环境友好型投资的风险增加

通常来说，政府，尤其是经济发展水平不发达国家或地区的政府在环境与投资的天平上倾向于投资，以促进当地经济的发展，因此对投资活动不会自主设限。然而，如前所述，非环境友好型投资对环境的污染和破坏会引起公众环境意识的觉醒，并采取特定的环保行为。在此情形下，投资所在地政府往往会采取环境措施对投资行为进行一定的限制，所采取的环境措施无论是通过环境政策法规的形式，还是通过提高环境标准的方式，都使非环境友好型投资面临的风险增加，并使投资活动的进一步进行充满了不确定性。

二、投资自由化的发展与环境法治进程的开始

一切经济活动的开展都源自投资活动，没有投资就没有生产活动，而没有生产活动就不会有产品的存在，就不会有贸易的产生和金融的发展。国内、国际，概莫能外。而投资进行的生产必然消耗资源和能源，并产生各种形式的废弃物，从而对环境造成污染。为此，各国政府或进行国内立法，或进行双边、区域性及全球性环境合作，以解决本国、本区域和全球面临的环境问题。

（一）战后投资自由化的迅速发展和环境问题的快速增加

贸易和投资是推动经济发展的两大支柱，二战结束后，国际社会为重振被战争破坏的经济，在贸易领域缔结了《关税贸易总协定》以推进贸易的自由化，在金融领域组建了国际货币基金组织和国际复兴开发银行，这两大组织的职能之一便是对成员国提供贷款以使各国能够尽快投资各产业实现国内经济的重启。20世纪60年代，国际社会又在投资领域先后通过了《解决国家与他国国民间投资争议公约》和《多边投资担保机构公约》，以解决外国投资者与东道国之间的投资争端，并为投资者解除了在东道国的政治风险这

一后顾之忧，从而大大促进了发达国家向发展中国家的投资。1993 年达成的《与贸易有关的投资措施协议》更是对 WTO 成员方的投资措施进行了限制，进一步破除了发达国家投资进入发展中国家的障碍，国际投资自由化进入一个新的阶段。

投资自由化的过程，也是投资国际化的过程，同时也是环境问题不断发展的过程。随着投资自由化的发展，经济贸易迅速发展，人类物质财富迅速积累，而环境问题也由少到多、由小到大发展起来：海洋污染日益加剧、渔业资源过度捕捞；森林面积减少、物种灭绝速度加快；臭氧空洞出现并威胁人类健康；温室气体排量增加导致全球气候变暖⋯⋯西方国家甚至发生了威胁和损害人体健康的大规模环境污染事件，如 1948 年美国的多诺拉烟雾事件导致 5911 人相继暴病；1952 年英国的伦敦烟雾事件造成 5 天时间内丧生者达 5000 多人；20 世纪 50 至 70 年代日本的骨痛病事件，有骨痛病患者 230 人，死亡 34 人；1968 年日本的米糠油事件中实际受害人在 13000 人以上⋯⋯

面对投资自由化进程的高歌猛进和同时期环境问题的快速增加，各国开始审视环境与投资之间的关系，并将环境治理纳入法治化轨道，环境法治化进程开始了。

（二）环境法治化进程的开始

实际上，战后环境法治化进程的启动经历了一个曲折的过程。

战后初期，世界各国的首要任务是如何恢复被战争破坏的经济，因此鼓励和发展投资成为各国的首选方案。只是随着环境问题的不断恶化并对人类健康形成威胁时，各国才开始认真审视环境问题。各国认识到，在治理环境污染、保护环境方面，行政和经济手段固然重要，法律手段更是不可缺少，甚至至关重要。由于环境问题首先在经济发达的西方国家出现，因此有关环境保护的立法也最先在这些国家开始。

美国国会于 1948 年制定了第一部治理水污染的法律《联邦水污染控制法》，1955 年制定了第一部空气污染控制法，1969 年更是通过了综合性的环境立法《国家环境政策法》。

日本于 1958 年出台了《水质二法》，1962 年出台了《煤烟排放规制法》，后来在四日市事件、米糠油事件、水俣病事件和骨痛病事件的刺激下，日本国会于 1970 年召开了第 64 届临时国会，一次性通过了新制定和修改的 14

部环境法律。其中，部分修改的法律有《公害对策基本法》《大气污染防治法》《噪声规制法》《道路交通法》《下水道法》《自然公园法》《农药管理法》《毒物、剧毒物管理法》等；新制定的法律有《水污染防治法》《海洋污染防治法》《农用土壤污染防治法》《废弃物处理法》《防止公害事业费事业者负担法》《公害犯罪处罚法》。这次国会因此被称为"公害国会"。

在法国，20 世纪 60 年代之前的环境立法主要围绕自然环境的保护进行，1961 年进行大气污染立法，1964 年制定了预防水污染的法律，1975 年制定了关于废弃物的法律，1995 年制定了关于加强环境保护的法律，2000 年颁布了《环境法典》，实现了环境法律的简约化和体系化。

在德国，1972 年之前的环境法发展得相对滞后，主要是针对单一的环境问题进行立法，如针对噪声问题的《建设噪声防治法》和《飞机噪声防治法》，针对化学肥料使用的《联邦肥料法》，针对植物保护的《植物保护法》等。20 世纪 70 年代后，环境法进入快速发展时期，先后通过了《废弃物处理法》《联邦环境污染防治法》《联邦自然保护法》《水保持法》《化学制品法》。90 年代后，开始了环境法的整合工作，并进行法典化的尝试。

英国是工业革命的发源地，也是最早进行环境立法的国家。战后，随着经济的逐步复苏，环境问题的日益恶化，环境立法也得到了进一步加强。先后颁布了《清洁河流法》（1960 年）、《水资源法》（1963 年）、《清洁大气法》（1968 年）、《噪声控制法》（1960 年）、《油污染控制法》（1971 年）、《水法》（1973 年）、《海洋倾废法》（1974 年）等。1990 年通过了综合性立法《环境保护法》，环境法逐渐趋向体系化。

战后环境法治进程的开始和发展实际上是要在环境保护和经济发展之间寻求协调和平衡。投资的发展直接或间接带来了一系列环境问题，环境法治的目的是要解决环境问题，而不是阻止投资活动的开展，是在确保投资和贸易发展的基础上对人类生存的环境加以关注和治理。环境法治与投资之间的这种关系，随着投资活动的跨国发展开始国际化。

三、投资国际化与环境法治的"国际化"

（一）投资区域化与区域性环境规制

伴随着投资的国际化发展，环境问题也跨越了国界。为了解决本地区面临的共同环境问题，区域性环境规制应运而生。

1. 欧盟的环境法治进程

较早进行国际合作以解决地区性国际环境问题的是欧盟。1973 年通过的《欧共体第一个环境行动规划》标志着欧盟环境法治进程的开始，并对其他地区的区域性环境法治产生了重要影响。欧盟的环境法治进程大致分为五个阶段：①

(1) 1958 年至 1972 年：欧盟区域性环境法治的萌芽阶段

1957 年的《建立欧洲经济共同体条约》启动了欧洲经济一体化的进程。客观来说，该条约主要内容是建立关税同盟和农业共同市场，逐步实现商品、人员、服务和资本的自由流通。条约在序言中直言其目标是加强各成员国经济的联结，保证协调发展，建立更加紧密的联盟基础等。就此而言，欧共体在启动之初着眼于经济的一体化，而非环境问题的解决，因此该条约没有任何关于环境问题的规定，直到欧洲经济实现复苏和增长，环境问题成为"问题"，环境法治才纳入议事日程。不过，此时的欧共体也仅是出台了部分指令，如 1967 年出台的关于危险物质分类、包装和标签的 67/548 指令、1970 年出台的关于机动车辆允许的声级及排气系统的 70/157 指令等。

(2) 1972 年至 1987 年：欧盟区域性环境法治的初始阶段

20 世纪 60 年代后，西方国家不惜以环境为代价的发展模式造成环境严重破坏、生态危机频发。在此背景下，欧共体形成了统一的环保政策，环境法治的区域性特征更加明显了。1973 年，欧共体以宣言的形式通过《第一个环境行动计划》（1973－1976)，从而将环境议题真正纳入了欧盟政策性领域；1977 年通过的《第二个环境行动计划》（1977－1981)，对第一个行动计划中的目标和原则进行了重申，并规定了未来四年环境政策的主要内容；1983 年通过的《第三个环境行动计划》(1983－1987)，首次在计划中提出了"整体污染治理"的概念，指出将环境政策纳入共同体各部门政策的必要性。上述三个环境行动计划的制定与推进，使得欧洲环境政策目标得以确定并逐步强化，其所提出的污染者付费、源头治理等原则为后来的欧共体不断

①此处的五阶段划分采用了蔡守秋、王欢欢的划分标准，参见蔡守秋，王欢欢. 欧盟环境法的发展历程与趋势 [J]. 福州大学学报（哲学社会科学版)，2009 (4)：88－94.

重申。

（3）1987 年至 1992 年：欧盟区域性环境法治的实质性发展阶段

1986 年签署的《欧洲单一法令》首次将环境问题纳入欧盟基本法范畴，该法令第二十五条规定，欧洲经济共同体条约第三部分应增加第七编"环境"，授权欧共体在环境问题上采取行动，以维护、保护和改善环境，促进保护人类健康和确保谨慎和合理利用自然资源，共同体在采取环境行动时要考虑到科学和技术数据、行动的潜在成本和效益，以及共同体各区域的平衡发展。《欧洲单一法令》的上述内容使得欧盟的环境目标能够"在共同体范围内比在单个成员国范围内更好地实现"[1]，欧盟区域性环境法治走上实质性发展轨道。

1987 年通过的《第四个环境行动计划》（1987－1992）标志着欧共体环境政策方法上的进一步变革，它首次将环境视为整个生产过程综合性活动的一部分，提出将环境保护纳入其他共同体政策中。该计划对欧盟环境政策的重大贡献是，它认为环境保护并不与经济目标冲突，而是可以成为提高经济绩效和竞争力的工具，这是增长和发展的基本先决条件。[2] 可以说，这是欧盟环境政策战略重新定位的最初承诺，其结果是环境政策不再被视为一项附加政策，而是作为经济决策的一个组成部分。与此相应地，"可持续发展"概念日益成为欧盟环境政策的参考标准。[3] 此后，欧共体通过了大量环境法令，内容涉及污染治理、化学品管理及产品质量和环境评估等各个方面。[4] 欧共体环境政策的一体化进程开启了。

---

[1]Single European Act. Official Journal of the European Communities. 29. 6. 87. No 169/1 - 28.

[2]S. Baker, The Politics of Sustainable Development. Theory, Policy and Practice Within the European Union, Routledge, Londra, New York, 1997.

[3]Annals of the "Constantin Brâncusi" University of Târgu Jiu, Letter and Social Science Series, Issue 3/2013:24 - 33.

[4]Commission of the European Communities, Towards Sustainability. A European Community Programme of Policy and Action in Relation to the Environment and Sustainable Development. Official Journal of the European Communities, Vol. Ⅱ. March 27, 1992, P6.

（4）1992 年至 1999 年：欧盟区域性环境法治的成熟阶段

1992 年签署的《马斯特里赫特条约》（《欧洲联盟条约》）加强了欧盟对环境保护的承诺，将促进"尊重环境的可持续和非通货膨胀的增长"作为欧盟委员会的一项基本任务。条约 130r（2）规定，共同体的环境政策应该以"高水平保护"为目标，欧盟委员会在拟议与产品或污染控制标准有关的措施时，要将高标准的环境保护作为前提。此外，该条约使得欧洲共同体环境立法在成员国的执行也变得更加容易，因为欧洲法院拥有重要的新权力，可以对坚持藐视法院判决的成员国进行罚款。[①] 显然，条约为欧盟区域性环境法治描绘了一幅高标准环境保护的蓝图。

在此背景下，欧盟于 1993 年通过了《第五个环境行动计划》，与前几个环境行动计划相比，该计划更显得雄心勃勃。其题目即为《迈向可持续发展》，其内容指出可持续发展有以下几个特点：维持整体生活质量；保持对自然资源的持续利用；避免持久的环境破坏；认为可持续发展既能满足当代人的需要，又不损害后代人满足其需要的能力。计划还提出实施可持续发展战略需要的一系列工具：制定环境标准的立法；鼓励生产和使用无害环境产品和工艺的经济手段；横向支持措施（信息、教育、研究）；财政支持措施（资金）。[②] 此外，计划还确定了环境行动的优先领域：土壤、水、自然区域和海岸带等自然资源的可持续管理；综合污染控制；废弃物的预防与管理；不可更新能源消耗的减少；对移动污染源的更有效管理；城市环境质量的改善；卫生与安全的改善，重点是工业风险评估与管理以及核安全与辐射保护。

（5）1999 年至今：欧盟区域性环境法治的深入发展阶段

随着 1999 年《阿姆斯特丹条约》的生效，欧洲环境法治进入一个新时期。《阿姆斯特丹条约》将促进可持续发展纳入《欧洲联盟条约》的序言部

[①] David Wilkinson，Maastricht and the Environment：the Implications for the EC's Environment Policy of the Treaty on European Union. Journal of Environmental Law，Volume 4，Issue 2，1992，Pages 221 - 239.

[②] Commission of the European Communities，Towards Sustainability. A European Community Programme of Policy and Action in Relation to the Environment and Sustainable Development. Official Journal of the European Communities，Vol. Ⅱ. March 27，1992.

分和 B 条，这一修正可以看作对共同体保护环境的承诺的重大加强；《阿姆斯特丹条约》还修改了《共同体条约》第二条，将促进"经济活动的和谐、平衡和可持续发展"作为共同体的任务之一，从而使共同体的目标更加明确。此外，《阿姆斯特丹条约》还将加强高水平环境保护及提高环境质量作为共同体的目标之一，这有助于共同体的进一步"绿色化"，并打消了部分成员国关于共同体的环境政策建立在较为落后国家基础上的疑虑。

2007 年《里斯本条约》的签署将欧盟区域性环境法治又向前推进了一步。尽管"《条约》对欧盟环境政策条款的修改仅限于明确提到'气候变化'"①，因而"并没有导致欧洲环境法和政策的重大变化"②。但毫无疑问，这可以加强欧盟在这一领域的作用和责任，特别是在国际谈判方面。③ 欧盟区域性环境法治进程已进入深入发展阶段，并向全球治理拓展。

2. 东盟的环境法治进程

东盟成立于两极对抗时期的 1967 年，目的是以区域联合谋取一席生存之地。东盟成立后，随着成员国之间经济合作增多，污染问题特别是跨境污染问题开始出现并不断发展。与此相应地，东盟走上了区域环境法治之路。

（1）东盟通过的区域性环境"硬法"

东盟各国自然资源极为丰富，生物多样性也较为丰富。1985 年 7 月 9 日，东盟在马来西亚的吉隆坡签署了《自然与自然资源保护协议》，以维持基本的生态过程和生命支持系统，保护遗传多样性，并确保生物资源的可持续利用。该协议第六章规定成员国通过在自然保护和自然资源管理方面的协调加强相互间的国际合作。各缔约方承认其在跨国界环境影响方面的国际责任，并承诺避免和减少其管辖范围内活动的不利环境影响。④

1987 年 2 月，在日本东京召开的第八次世界环境与发展委员会上通过了

---

①The impact of the Lisbon Treaty on climate and energy policy — an environmental perspective,ClientEarth legal briefing,January 2010,1 - 33.

②Hans Vedder,The Treaty of Lisbon and European Environmental Law and Policy,Journal of Environmental Law,Volume 22,Issue 2,2010,Pages 285 - 299.

③The impact of the Lisbon Treaty on climate and energy policy — an environmental perspective,Client Earth legal briefing,January 2010,1 - 33.

④See ASEAN Agreement On The Conservation Of Nature And Natural Resources.

以可持续发展为基本纲领的报告——《我们共同的未来》，为人类发展指明了一条新道路。在此背景下，1987年10月30日，东盟通过了《关于可持续发展的雅加达决议》，决定以可持续发展原则指导东盟各国共同努力，并提出了合作努力的主要领域：共同的海洋；土地资源及土地污染；热带雨林；空气质量；城市和农村污染。而且，东盟环境部长们意识到，建立一个具有足够地位的区域环境机构最有利于谋求可持续发展。①

1990年6月19日东盟环境部长会议通过的《吉隆坡环境与发展协议》致力于为实现环境管理和可持续发展而进行的地区以及全球合作，协议中各国同意着手采取包括制定东盟可持续发展战略和相应的行动纲领、协调环境质量标准、协调跨境污染预防和削减措施和进行研究和开发、推广使用清洁技术在内的与环境管理有关的具体步骤。又采取与自然资源管理有关的具体步骤，包括：自然资源评估方法的协调；制定自然资源共同管理方案；制定和协调旨在更好地反映国民核算体系内自然财富状况的程序。②

1992年2月18日签署的《新加坡环境和发展决议》则提出了实现可持续发展的具体措施：①在政策方面，采取政策措施，鼓励将环境因素纳入所有发展进程；在相互关联的环境与发展问题上密切合作；合作制定国家基本环境质量标准和条例，努力实现区域内统一的环境质量标准，并通过有关环境空气质量和河流水质的长期数量目标；协调政策方向，在跨界空气和水污染、自然灾害、森林火灾、溢油、有毒化学品和危险废物越界转移和处置等环境问题上进行业务和技术合作，并采取联合行动以应对反热带木材运动。②在信息交换方面，鼓励更多地进行资料和数据交流，特别是在温室气体以及空气和水质监测方面。③在制度建设方面，加强国家机构的体制和技术能力，使其能够有效地将环境考虑纳入发展计划；通过区域培训援助计划，定期交流资料和管理数据以及官员和专家之间更多的互访，合作进行国家环境机构的能力建设；与公私营部门组织，包括非政府组织合作，提供各级充分培训，以提高其环境管理专门知识和技能。④在技术合作方面，通过分享技术资料、开展联合培训和研究项目，以及交流环境管理和技术方面的专业知

---

① See 1987 Jakarta Resolution on Sustainable Development.

② See 1990 The Kuala Lumpur Accord on Environment and Development.

识，继续加强环境技术领域的合作；促进应用适当的环境友好技术，并鼓励商业部门和公众支持清洁的生产和工业活动。此外，决议还规定继续提高公众的环境意识，着手制定和执行污染治理和资源管理的具体方案，积极进行国际合作，以保护全球环境等。①

此外，东盟还通过了《有关环境和发展的斯里巴加湾决议》（1994 年）、《东盟跨境烟雾污染协议》（2002 年）、《可持续发展仰光协议》（2003 年）、《关于建立东盟生物多样性中心的协议》（2005 年）、《关于可持续发展的宿务决议》（2006 年）、《关于环境可持续发展与气候变化的新加坡决议》（2009 年）以及《关于东盟环境合作的曼谷决议》（2012 年）等。

（2）东盟通过的区域性环境"软法"

与欧盟不同，东盟的环境法治之法更多的是体现在"软法"上。1981 年，首次东盟环境部长会议在菲律宾马尼拉召开，会议通过的《马尼拉宣言》确定了东盟环境合作的大目标，即保护东盟的环境和自然资源的可持续性、消除贫困以及使东盟国家的人民过上高质量的生活。1992 年的东盟首脑会议通过了《新加坡宣言》，成员国承诺加强环境合作，实行可持续发展战略。1993 年东盟高级官员第四次环境会议通过的《东盟行动纲领》制定了环境合作的五个目标：回应《21 世纪议程》中要求东盟采取行动的具体建议；鼓励各国和东盟地区在所有发展过程中融入环境因素；制定提高环境质量的长期目标，并努力协调东盟地区环境质量标准；采取一致行动解决共同的环境问题；以及采取措施把完善的贸易政策和完善的环保政策融合起来。② 1995 年的东盟环境部长会议签署了《东盟跨边界污染控制合作计划》，建立了防止未来发生大雾的新机制。1997 年的东盟环境部长会议通过了《区域烟雾行动计划》，将预防森林和陆地火灾的发生、建立森林火灾监控机制、加强陆地和森林火灾防范能力建设作为优先合作事项。

进入 21 世纪，东盟先后通过了大量"软法"，助力区域性环境法治进程。

在环境教育方面，2000 年 10 月，东盟环境部长会议通过了《东盟环境

---

① See 1992 Singapore Resolution on Environmental and Development.

② Elizabeth Davis. 东盟环境合作 [J]. 世界环境，2002（5）：11 - 14.

教育行动计划》(2000—2005)，为东盟所有成员国环境教育协调行动提供了框架，目的是在东盟成员国中推广环境教育，使该地区的人们充分认识到保护环境的重要性。2007年9月，东盟环境部长会议在曼谷通过了《东盟环境教育行动计划》(2008—2012)，为东盟环境教育活动的发展和执行确立了合作框架，其目的是以可持续的方式加强环境的全面管理。计划明确了该阶段所要解决的主要问题：有效实施或遵守2000年—2005年环境教育行动计划的12项目标和36项声明的行动；2000年—2005年环境教育行动计划的优势和劣势及其对国家环境教育的总体影响；后继计划应采取和努力实现的作用和行动；私营部门在支持本区域环境教育方面的作用。其总体方向包括四个领域及其主要目标：①对于正式部门，目标是将环境教育纳入每一个东盟成员国的各级正式部门，并通过积极和持续的研究促进环境教育；②对于非正式部门，目标是通过将当代传统文化知识与环境教育相结合以解决当地区域性和国际性环境问题，使东盟成员国的非正式部门得到加强；③在人力资源能力建设上，目标是在东盟成员国建立环境教育和可持续发展教育方面的人力资源人才库；④在网络、协作与交流方面，目标是改善本区域环境信息、技能和资源的交流方式，并通过地方或国家、区域和国际各级等正式和非正式网络，增加对环境教育和培训的支持。① 2013年，东盟环境部长会议通过《东盟环境教育行动计划》(2014—2018)，旨在实现一个清洁和绿色的东盟，公民有环境素养、有环境道德、愿意和有能力通过环境教育和公众参与来确保该地区的可持续发展。计划确定了环境教育的主要领域及目标，并制定了相应的战略行动。比如针对正规部门，计划规定：将环境教育和可持续发展教育整合到东盟成员国各级正规部门；通过有组织地学习和体验环境教育和可持续发展教育的政策和方针，提供相应项目和活动，提高教育界的环境问题意识；在区域和国家层面纳入环境教育及可持续发展教育举措，细化并加强正规教育部门当前的质量保证工作，作为检测和评估机制的一部分；在高等教育和技术职业教育培训中推行主流环境教育，以确保环境教育

---

①See. ASEAN Environmental Education Action Plan 2008—2012: Environmental Education for Sustainable Development.

和可持续发展教育的推进和倡导，包括环境研究和发展工作。①

水资源管理方面，2003 年 7 月，东盟环境高级官员会议通过《东盟水资源管理长期战略计划》，明确了水资源领域面临的挑战及拟采取的行动。2005 年 9 月东盟通过了《东盟水资源管理战略行动计划》，其目标是：确定东盟成员国水资源管理的指导原则；明确东盟可持续水资源管理面临的主要挑战和问题；制定能够促进东盟水资源综合管理快速实现的主要行动；建立一组项目活动，在东盟地区进行水资源综合管理知识和能力的建设。②

在气候变化方面，2010 年 4 月举办的第 16 届东盟峰会通过了《东盟领导人关于联合应对气候变化的声明》，承认东南亚地区易受气候变化的影响并描绘了东南亚共同体应对气候变化的愿景。2012 年《东盟关于联合应对气候变化的行动计划》提出了解决区域气候变化问题的行动方案：信息共享并加强东盟气候、气象和海洋中心网络；分享减少温室气体排放的最佳做法；通过工作坊等活动促进各国在适当的国家减排行动、措施、报告和验证等问题上达成共识；分享关于促进、发展和加强清洁发展机制活动方面的资料和经验。③ 2015 年 11 月，第 27 届东盟峰会通过了《东盟关于气候变化的联合声明》，重申东盟对《联合国气候变化框架公约》及其原则和规定的承诺，呼吁包括东盟成员国在内的《联合国气候变化框架公约》所有缔约方继续努力以达成新的全面、平衡、具有法律约束力的协议，请求支持发展中国家和最不发达国家寻求可持续发展的机会，敦促发达国家向东盟成员国提供援助以加强生物多样性的保护和可持续利用、系统恢复森林生态系统等等。④

此外，东盟还通过了《东盟环境可持续发展宣言》（2007 年）、《关于气候变化、能源和环境的新加坡宣言》（2007 年）和《东盟关于危险化学品和废弃物管理的联合宣言》（2017 年）等"软性"国际法文件。

3. 北美的环境法治进程

一般说来，如果区域内各国的经济发展水平相当、面临的环境问题相

---

① See. ASEAN Environmental Education Action Plan 2014－2018.

② See 2005 ASEAN Strategic Plan Of Action On Water Resources Management.

③ See 2012 ASEAN Action Plan on Joint Response to Climate Change.

④ See ASEAN Joint Statement on Climate Change to the 21st Conference of the Parties to the United Nations Framework Convention on Climate Change.

似，就比较容易走上区域环境法治之路，各国联手解决本区域环境问题。客观地讲，北美三国的经济发展水平悬殊较大，面临的环境问题不同，在区域性环境问题上进行合作治理，还是有很大难度的。然而，美国和加拿大特别是美国对经济发展的需求、墨西哥经济现代化进程中造成的大量环境问题特别是跨境环境污染问题，最终还是促使三国达成协议，北美自由贸易区环境法治进程由此拉开序幕。

事实上，早在区域性环境法治开始之前，北美三国已经具备了双边环境合作的经验。

（1）美国和墨西哥之间的环境合作

美墨之间的环境合作主要是为了解决边境环境问题。最初的合作是在水环境领域。早在 1933 年，双方即签订了《格兰德河防洪条约》，通过修建泄洪通道来应对可能发生的洪灾。1973 年，双方达成《关于永久彻底解决科罗拉多河含盐量国际问题的协定》，规定立即进一步降低输往墨西哥的水的盐度，要求美国采取措施以确保承担输水任务的莫雷洛斯大坝上游年平均含盐量不超过规定的标准。

进入 20 世纪 80 年代后，美国和墨西哥的环境合作不再局限于水环境领域。1983 年，双方签订《拉巴兹协定》，即《边界区域环境保护与合作协定》，为"改善和保护环境建立合作基础，并就预防和控制边境地区污染的必要措施达成协议，及为制订紧急情况通报制度提供框架"[1]。协定中，双方承诺在实际的最大限度内采取适当措施，防止、减少和消除在其各自领土内影响另一国边界地区的污染源；双方应根据各自法律法规和政策，适当评估对边境环境有重大影响的项目，并考虑采取适当措施以避免或减轻不利的环境影响。[2] 1993 年，美国和墨西哥签订《关于建立边界环境合作委员会和北美开发银行的协定》。其中，边界环境合作委员会的目的是：保存、保护和增进边界地区的环境，提高美国和墨西哥两国人民的福祉；酌情与北美开发银行和其他国家及国际机构合作，与向边界地区环境基础设施项目投资的私人来源合作。为实现上述目的，协定规定委员会可以采取下列任何措施：协

---

① See La Paz Agreement, Article 1.

② See La Paz Agreement, Article 2 and Article 7.

助各州、地方、其他公共实体和私人投资者协调边境地区的环境基础设施项目，准备、发展、实施和监督边境地区的环境基础设施项目；为边境地区环境基础设施项目向北美开发银行或要求提供此种证明的其他资金来源提出的融资申请提供证明。北美开发银行旨在酌情为边界环境合作委员会核证的项目提供资金，并应该委员会的要求协助该委员会履行其宗旨和职能。为此，北美开发银行应履行以下职能：促进公共和私人资本投资以实现宗旨；鼓励私人资本投向有助于目的实现的项目、目的和活动；为计划和项目的执行提供技术和其他援助。① 上述两大机构较好解决了美墨边界耗资巨大的环境问题，极大改变了解决边境地区环境问题的方式。

（2）美国和加拿大之间的环境合作

美国和加拿大之间的环境合作也主要是为了解决两国的边界环境问题。

关于五大湖的水质。1972 年美国、加拿大两国签订了为改善大湖水质的《美加大湖水质协定》，双方同意减少工业和社区的污染，并限制进入湖泊的磷的数量。后来，两国拓展了进入五大湖的污染物来源和类型的处理方法，并在 1978 年的《大湖水质协定》中设定了使五大湖摆脱持久性有毒物质的总体目标，该协定的 1987 年议定书规定对流域中污染最严重的地方，即"关注区域"进行专门修复，并制定了在全湖范围内消除污染物的管理计划。为了加强水质规划，确保五大湖的"化学、物理和生物完整性"，美加于 2012 年对《大湖水质协定》进行了修订。新修订的内容涉及水生入侵物种、栖息地退化和气候变化的影响，并支持继续努力解决威胁大湖盆地人民健康和环境的现有威胁，如有害藻类、有毒化学品和船舶排放。②

关于空气质量。1991 年，双方签署《美加空气质量协定》（简称《协定》），以解决导致酸雨的跨界空气污染问题。两国同意减少产生酸雨的前体污染物二氧化硫（SO_2）和氮氧化物（NO_x）的排放，并就酸雨相关的科学技术开展合作。2000 年，《协定》将臭氧纳入附件，其长期目标是使两国的臭氧空气质量达到标准。在产生臭氧的污染跨界流动的情况下，该《协

---

①See Agreement between the Government of the United States of America and the Government of the United Mexican States Concerning the Establishment of a Border Environment Cooperation Commission and a North American Development Bank.

②See 2012 Great Lakes Water Quality Agreement.

定》的附件要求两国减少地面臭氧的前体污染物，即氮氧化物和挥发性有机化合物的排放。

关于危险废物的越境转移。面对每年约 90 万吨危险废物穿越美加边界的情况，两国政府于 1986 签订了《关于危险废物越境转移的协定》。该协定确保对危险废物的越境转移进行安全处理，并确保废物被运到进口国家或地区授权的设施。为此，该协定确立了管制危险废物越境运输的四项基本原则：各国必须在其管辖范围内充分管理废物；出口国必须将拟装运货物的情况事先通知进口国，而进口国要表明它是否反对拟议的装运；两国必须通力合作，确保跨境运输的危险废物附有适当的舱单，以核实双方是否遵守该协定及本港规例；出口国必须允许可能被进口国退回的任何危险废物重新进入。[①]

此外，双方还在气候变化、环境科学与技术等领域合作达成谅解备忘录，以解决双方面临的共同环境问题。

于是，美加墨三国的环境合作在反全球化浪潮汹涌而来、环保组织发挥的作用日益重要的背景下迅速开展起来。先是《自由贸易协定》的投资规则中纳入环境条款，接着通过《北美环境合作协定》，具体内容将在第五章中详述。

（二）投资全球化与全球性环境规制

投资全球化是经济全球化的主要推手，经济全球化在某种程度上也可以说是投资的全球化。其资源配置、市场需求及商品销售均着眼于全球，从而实现成本的最低化和效益的最大化。投资全球化的参与者主要是跨国公司，其根据不同国家在原材料、能源、人力资源、技术和资金等方面的不同优势，在世界范围内进行产业布局和升级，以谋取全球战略利益。常见的全球扩张手段是通过新建、并购等方式建立海外分支机构，形成航母式全球战略联盟。投资的全球化加速了环境问题的全球化，在此背景下的环境问题绝非某个单一国家所能面对和解决，它需要国际社会联手应对，因此全球环境规制应运而生。

---

① See Agreement Between the Government of Canada and the Government of the United States of America Concerning the Transboundary Movement of Hazardous Waste.

在全球层面上，国际投资对环境问题的关注是在战后跨国公司大发展的背景下开始的。国际组织是实施这种关注的较早主体。1976 年，经合组织制定了《关于国际投资与跨国公司的宣言》，专门针对跨国公司的行为进行规制①，以避开跨国公司不是国际法主体的法律障碍。其中，"《跨国公司准则》是该文件的附件，其中包括了跨国公司环境责任"②。同年，联合国开始起草《跨国公司行动守则》，对跨国公司在环境保护方面的责任进行了规定。③ 1999 年，联合国提出《全球契约》，其针对跨国公司制定的 10 项原则中，3 项与环境有关：采用预防性方法来应付环境挑战；进行对环境负责的活动；鼓励环境友好技术的开发和传播。④ 不过，上述国际投资法文件因其"软法"性质，并不具有强制约束力。另外，由于跨国公司的母国基本上都是西方发达国家，而《跨国公司行动守则》确立的部分"守则"在发达国家和发展中国家分歧较大，无法达成共识，导致《跨国公司行动守则》一直处于"草案"状态。

环境问题在国际投资法中以强硬的姿态出现是在 20 世纪 90 年代，而且是借助了《关税及贸易总协定》（GATT）这个彼时风头正盛的准国际组织。此前促进国际投资的《解决国家与他国国民间投资争议公约》及《多边投资担保机构公约》均没有涉及环境问题，这是由当时的国际经济发展形势及彼时环境问题主要限于一国地域之内的情形决定的。20 世纪 80 年代后期，GATT 最后一轮回合谈判，即乌拉圭回合谈判，将服务贸易和投资均纳入谈判议程，最终形成了《服务贸易总协定》和《与贸易有关的投资措施协定》。这两个协定尽管没有对环境问题直接规定，但作为 WTO 条约体系的重要组成部分，却"通过例外条款间接地调整了环境与投资的关系"⑤。此后的《多

---

① See Declaration on International Investment and Multinational Enterprises.

② 张薇. 论国际投资协定中的环境规则及其演进：兼评析中国国际投资协定的变化及立法 [J]. 国际商务研究，2010（1）：56 - 63.

③ See Draft United Nations Code of Conduct on Transnational Corporations.

④ See United Nations Global Compact.

⑤ 张薇. 论国际投资协定中的环境规则及其演进：兼评析中国国际投资协定的变化及立法 [J]. 国际商务研究，2010（1）：56 - 63.

边投资协定》明确表达了经合组织成员的共识：通过放松健康、安全或环境措施来鼓励投资是不适当的。尽管缔约方最终没有达成一致，只是起草了一份草案，但无疑传递了一个明确信号，即环境法治背景下的国际投资绝不可能像以往那样"自由"了，它在发展的过程中必须考虑环境保护的因素。

对国际投资进行环境规制的全球性国际投资法文件当属《能源宪章条约》最为典型。

《能源宪章条约》对促进能源领域的投资活动与环境保护具有非常重要的意义。作为能源领域第一个具有法律约束力的国际法律文件，该条约是缔约国在综合考虑多重因素的基础上达成的旨在推动全球能源合作新模式的多边安排。《能源宪章条约》明确指出："缔约方希望在可接受的经济基础上，提高能源供应的安全性，最大限度地提高能源的生产、转换、运输、分配和使用的效率，以提高安全性并尽量减少环境问题。"[1] 对能源投资的环境规制集中体现在第 19 条，该条要求缔约方尽量减少"所有能源循环作业所产生的有害环境影响"，规定"每一缔约方应在其政策和行动中努力采取预防措施，以防止或尽量减少环境退化"，并为此明确了缔约方的具体义务：在制定和实施能源政策的过程中要考虑环境因素；促进市场导向价格的形成，更充分地反映能源周期中的环境成本和收益；特别注意提高能源效率、开发和使用可再生能源、促进使用更清洁的燃料及采用减少污染的技术和技术手段；促进缔约方之间关于无害环境、经济有效的能源政策和成本效益高的做法、技术的资料的收集和分享；促进公众认识到能源体系的环境影响、预防或减轻其不利环境影响的范围；加强有效能源和环境友好技术、做法和程序的研究、发展和利用，以经济有效的方式尽量减少能源周期所有方面对环境的有害影响；促进对环境有重大影响的能源投资项目早期阶段、决策之前和后续监测方面评估的透明化。[2] 尽管《能源宪章条约》"过分强调环保的成本因素和经济条件，加之措辞模糊不清，使该条成为仅具有义务形式，但并无

---

[1]See the Energy Charter Treaty, Concluding Document of The Hague Conference on the European Energy Charter, Title 1: Objectives.

[2]See the Energy Charter Treaty, Article 19.

实质性内容的软性法律"①，但其将能源投资和环境保护相联系、试图对能源投资进行国际法规制，也标志着"国际社会在国际能源法向度上处理全球环境问题的开始"②。

---

①贺艳. 国际能源投资的环境法律规制：以《能源宪章条约》及相关案例为研究对象 [J]. 西安交通大学学报（社会科学版），2010（4）：75-81.

②杨洪. 论《能源宪章条约》中的环境规范 [J]. 法学评论，2007（3）：87-92.

第三章　国家对外资的单边环境规制

一、国家对外资的单边环境规制概述

在经济全球化的今天，几乎所有国家都向外国投资敞开国门。但同时，基于保护国内产业以及出于对国家安全、人体健康等因素的考虑，又会对外资施加一定的限制。随着环保主义的兴起及各国对生态安全的关注，投资接受国纷纷采取环境规制措施，维护各自的国家利益。

事实上，国家的单边环境规制对外国投资到底会产生什么样的作用，学界存在以下几种不同的观点：

1. 严苛的环境规制将导致国际投资流向环境规制相对宽松的国家和地区。皮尔逊将环境问题视为海外投资决策的一部分，认为环境服务是与劳动力和资本一样的生产要素。发展中国家最初的工业化规模较小（高污染部门较少），因此对环境服务进行规范的要求不高，由此导致环境服务的价格较低。于是，发展中国家在生产污染密集型产品方面就具有了比较优势。[①] 詹姆斯·马库森等人持同样观点，其建立的模型表明：环境政策直接影响企业的工厂选址及市场结构。[②] 马西莫·莫塔和杰奎斯·弗兰索伊斯也认为，环

①Charles S. Pearson. Multinational Corporations, Environment, and the Third World: Business Matters. Durham, NC: Duke Univ ersity Press, 1987.

②Markusen JR, Morey ER, Olewiler ND. 1993. Environmental policy when market structure and plant locations are endogenous. Journal of Environmental Economics and Management. 24(1): 69 - 86.

境倾销是一些国家吸引外资的一种手段，严苛的环境政策将导致公司的搬迁。① 鲍莫尔·威廉和奥茨·华莱士提出的模型则表明：发达国家较高的环境规制导致劳动密集型产品上的竞争劣势，而发展中国家则相反。②

2. 严苛的环境规制不会导致国际投资流向环境规制相对宽松的国家和地区。弗朗西斯科·桑纳·兰达乔和罗伯塔·塞斯蒂尼认为，在"污染避风港"和"碳泄漏"等理论影响下，人们对全部生产搬迁的担心显然被夸大了；如果工厂的固定成本没有降低，运输成本较高且市场不对称，那么加强环境政策的严苛性并不会导致当地公司将所有生产全部转移到国外。③

3. 严苛的环境规制将吸引更多的外国投资。鲍维·迪杰斯特拉和阿努杰·马修等人的研究表明，目前尚无证据支持"宽松的环境法规吸引了污染企业的投资"这一假说。相反，当搬迁给竞争对手带来的成本远远超过其自身成本时，企业可能希望搬迁到一个环境监管更严格的国家。④ 罗伯特·伊利奥特等人认为，如果外国企业是更清洁的企业，那么东道国环境规制的收紧并不会降低外国公司的盈利能力，相反会增加东道国国内公司的市场障碍，因此这种较为严苛的环境规制反而会吸引更多的外国投资流入。⑤

4. 严苛的环境规制对外资的影响结果不确定。马修·科尔和罗伯特·埃利奥特等人的模型研究表明，认为资本应该从环境规制严苛的国家流向环境规制宽松的国家的观点缺乏实证支持，而认为企业更愿意留在（或迁往）环境管制相对较高的国家或地区的观点同样也是一个需要实证的问题，因为较低环境成本的好处可能会被原材料供应、熟练劳动力、资本和基础设施等其

---

①Motta M，Thisse JF. 1994. Does environmental dumping lead to delocation？ European Economic Review 38(3)：563－576.

②Baumol WJ，Oates WE，eds. 1988. The Theory of Environmental Policy. Cambridge，UK：Cambridge Univ. Press. 2nd ed.

③Sanna－Randaccio F，Sestini R. 2012. The impact of unilateral climate policy with endogenous plant location and market size asymmetry. Rev. Int. Econ. 20(3)：580－599.

④Dijkstra BR，Mathew AJ，Mukherjee A. 2011. Environmental regulation：an incentive for foreign direct investment. Review of International Economics. 19(3)：568－578.

⑤Elliott RJR，Zhou Y. 2013. Environmental regulation induced foreign direct investment. Environmental and Resource Economics. 55(1)：141－158.

他因素所抵消。[1]

不过，理论上的分歧并不影响环境规制措施在各国的实施。因为，无论多么清洁的外国投资者，都不可能做到对环境的零破坏和零污染。各国基于解决现实的污染问题或追求可持续发展目标的需要，将环境规制作为平衡投资与环境关系的一大利器。

二、国家对外资采取单边环境措施的主要方式

纵观各国对外国投资的单边环境规制措施，其方式主要有两种：在外资法中规定环保要求；在环境法中对外资进行限制。

（一）国家在外资法中采取的环境措施

1. 发达国家

（1）国家针对涉环境外国投资的市场准入采取的管理措施

总的来看，美国对外资持中立政策。不过，对于部分由联邦政府直接控制和管理的部门，美国也对外国投资进行了有选择的限制。如基础设施领域，根据美国《公共土地法》和《采矿许可法》，准许外国投资者在美国公共土地上铺设石油和煤气管道，修筑铁路和开采矿藏，条件是投资者母国政府对美国投资者提供对等的权利。而对那些没有与美国政府签署类似条约的国家，其投资者不享有这些权利。另外，在能源、矿产、渔业、水电等部门，也设置了一定准入限制。[2]

加拿大对敏感经济领域的外国投资进行限制。《投资法》特别条款以及联邦和省其他有关法律法规对特殊产业的外资比例设定了额外的限制：任何外商持股超过49%的加拿大渔业加工企业将不能获得商业捕鱼执照；外商在铀矿开采和加工企业中所占股份不得超过49%，但如果确能证明企业在加拿大人的有效控制之下则可例外；受联邦和省级法律法规约束的外国投资领域还包括石油、天然气、农牧、渔业、采矿行业等。[3]

---

[1] Matthew A. Cole, Robert J. R. Elliott, and Liyun Zhang, Foreign Direct Investment and the Environment, Annual Review of Environment and Resources, Vol. 42: 465 - 487 (Volume publication date October 2017).

[2] 资料来源：《对外投资合作国别（地区）指南：美国》（2020年版）。

[3] 资料来源：《对外投资合作国别（地区）指南：加拿大》（2020年版）。

法国原则上没有设定禁止外国投资的行业，但对外资的审查有进一步加强的趋势。外国投资如果涉及战略产业，须获得法国相关部门，尤其是法国经财部的前置审批。目前，战略产业须经政府审查的外资持股比例门槛已由原来的33％降至10％，即如果非欧洲投资者在法国大型战略产业企业的持股比例达到10％以上，就要受到法国政府的审查。能源、水利涵盖在战略产业范围内。①

德国对水电供应、能源等部分行业的限制已经取消，但会对投资者的经济实力、技术能力等方面进行调查，对投资项目进行审批。目前明确禁止投资者进入的领域只有建设和经营核电站及核垃圾处理项目。另外，从事炼油和蒸馏设备的生产和销售、发电和供暖厂等行业或项目需要向相关部门提出申请，以获得经营许可或者生产许可。《联邦排放保护法》对企业的各种排放制定了严格的审核规定。②

日本对外资的管理坚持"原则放开，例外禁止"，目前尚无明文禁止的行业。但对可能威胁国家安全及未实行完全自由化的行业予以限制。如根据《外汇法》的规定，核能、农林水产业、石油业等行业需接受事前审批。此外，根据行业法规，日本对采矿业设有具体外资准入限制。③

（2）国家针对涉环境外资项目采取的优惠措施

截至2020年，美国联邦政府出台了10项与资金支持有关的项目，涉及清洁能源贷款担保、创新材料和先进碳捕捉技术流程、石油资源等项目。以清洁能源贷款担保项目为例，若某外国投资申请高科技汽车制造贷款担保项目，则整车生产商近年生产的车型必须达到"企业平均油耗标准"（CAFE），而零配件制造商也要证明其通过贷款担保项目生产的零部件将装配在高科技汽车上。

英国也有"本地援助计划"，该计划向能够改善当地环境的室内建筑及施工项目提供贷款、土地和建筑物。

法国明确鼓励发展技术创新产业，其批准设立的71个项目涉及的领域

①资料来源：《对外投资合作国别（地区）指南：法国》（2020年版）。
②资料来源：《对外投资合作国别（地区）指南：德国》（2020年版）。
③资料来源：《对外投资合作国别（地区）指南：日本》（2020年版）。

包括环保燃料、再生能源和建筑等。凡利用再生能源或采用节能技术设备的企业，均可享受税收优惠；凡购买或生产节能环保设备的企业，其应缴地方营业税可获折半优惠。①

（3）地方针对涉环境外资项目采取的优惠措施

美国是联邦制国家，其对外资的环境规制分为两个层面：联邦层面和地区层面。其中，州和地方对外资的环境措施主要体现在对外资的优惠政策上。在这方面，各州情况不尽相同。比如，特拉华州的州法律没有规定不准投资的行业，但投资项目一般须经环境影响评价程序，并须符合土地分区使用的有关规定。艾奥瓦州制定了吸引外资的法律和政策，规定凡购买防治污染设备，便可免销售税、使用税及财产税。田纳西州吸引外资的税收优惠政策包括：污染控制设备免征财产税；工业机械、加工原料、1000万美元以上分销仓储设施所需的污染控制设备免收销售税；制造商燃料和水费支出减征销售税。犹他州则规定，公司所得税的10%可用于购买防污染设备，矿业、循环利用设备、治理污染设施、开矿设备等行业的销售和使用防污染设备可以享受免销售税的待遇。此外，美国各州和地方还出台了众多环保激励政策，鼓励和吸引外资参与和实施。比如光电能源创新项目、商业建筑节能税收减免、能源效率和可再生能源办公室资助项目为从事太阳能、地热、燃料电池研究等项目的企业提供资金资助的机会，可再生能源贷款允许符合条件的纳税人用能源投资抵免（ITC）去申请美国财政部拨款，可再生能源研究和发展项目对在太阳能、生物质能、燃料电池和基础设施、风力和水力发电及地热能等方面的项目提供资助。②

英国的经济特区划分为英格兰企业区、威尔士企业区、苏格兰企业区等。其中，英格兰企业区的风能与核能及垃圾发电、绿色科技和低碳科技、清洁能源和可再生能源是重点行业，享受以下优惠政策：①房产折旧五年期最高达到27.5万英镑；②简化规划审批程序；③政府支持确保在工业区连接超高速带宽。③ 威尔士企业区将能源和环境产业、可再生能源作为重点行

---

① 资料来源：《对外投资合作国别（地区）指南：法国》（2020年版）。

② 资料来源：中华人民共和国驻美利坚合众国大使馆经济商务处。

③ 资料来源：《对外投资合作国别（地区）指南：英国》（2020年版）。

业，苏格兰企业区的重点行业是低碳可再生能源，这些重点行业享受的优惠政策与英格兰相似。

法国的经济园区在欧盟生态工业园标准基础上，制定了自己的环境政策，内容涉及空气、气候变化、水、废弃物、化学品、噪声、土壤、土地使用、自然与生物多样性等诸多领域。同时，法国积极促进企业之间废弃物与废弃能源的交换利用，并向达标经济园区颁发相应生态认证标志。①

日本在国家层面没有针对外资的优惠政策，但地方政府根据自身发展需要，会提供与日本企业同等条件的补贴和优惠税制等措施，以加大招商引资力度。如神奈川县将环保行业作为重点招商行业之一，兵库县将再生医疗产业作为重点招商行业之一。②

2. 发展中国家

（1）国家针对涉环境外国投资的市场准入采取的管理措施

巴西管理外资的主要法律是《外国资本法》及其修改法案。该法禁止或限制外国资本进入的领域包括核能开发领域；虽逐步放宽但仍有一定限制的行业包括石油、天然气和矿产开采等领域。③

南非鼓励外国投资，包括采矿和选矿、可再生能源、石油天然气等在内的行业是南非吸引外国投资的主要领域。但要求外国直接投资对南非经济产生的收益与成本之间取得平衡，公共利益因素越来越多地成为批准或拒绝外国直接投资的标准。④

印度对外资的市场准入进行了规定，其中核属于禁止行业；采矿业（包括钻石、宝石、金银及其他矿石的勘探和采掘）、石油天然气精炼等行业无须审批，且外资持股不受限制，属于印度鼓励外资进入的行业。⑤

根据 2018 年菲律宾发布的第 11 版《外国投资负面清单》，不允许有外资股权的行业或活动包括小型采矿、利用群岛水域、领海及专属经济区内的海洋资源，以及小规模利用河流、湖泊、海湾与潟湖的自然资源等 11 个行

---

① 资料来源：《对外投资合作国别（地区）指南：法国》（2020 年版）。
② 资料来源：《对外投资合作国别（地区）指南：日本》（2020 年版）。
③ 资料来源：《对外投资合作国别（地区）指南：巴西》（2020 年版）。
④ 资料来源：《对外投资合作国别（地区）指南：南非》（2020 年版）。
⑤ 资料来源：《对外投资合作国别（地区）指南：印度》（2020 年版）。

业；勘探、发展和利用自然资源以及经营深海商业渔船等 9 个行业限制外资最多持有 40％股权。①

越南也采用负面清单制度解决外资的市场准入问题。在列出的 9 项禁止性投资项目中，涉及环境的有 3 个：危害人民身体健康、破坏资源和环境的项目；影响大众健康的项目；自然资源的考察、寻找、勘探、开采及生态环境项目。特别鼓励的投资项目中也有不少涉及环境领域：太阳能、风能、生物燃气、地热及海潮等新型能源应用；植护林；荒地、沼泽区域种养农林水产；远洋捕捞作业；污染处理和环境保护以及环保处理、观测、分析设备生产；污水、废气及固体排放物处理及回收再利用。鼓励投资项目中涉及环境领域的有：发展炼油工业；石油泄漏处理设备生产；排污、排废处理设备生产。②

柬埔寨没有专门的外商投资法，对内资和外资的待遇基本相同。2005 年颁布的《投资法修正法实施细则》列出了禁止柬埔寨和外籍实体从事的投资活动，其中有三项涉及环境：使用国际法禁止的化学物质生产有毒化学品、农药、杀虫剂及其他产品；使用外国进口废料加工发电；森林法禁止的森林开发业务。《投资法》列出了鼓励投资的重点领域，其中包括能源和环境保护领域，相应行业因此可以享受免征全部或部分关税和赋税的优惠待遇。③ 2016 年出台的《矿产勘探和工业开采执照管理条例》规定：面积小于 200 平方公里的矿产勘探开采执照由矿产能源部批准；大于 200 平方公里的矿区勘探开采执照，由王国政府批准。④

泰国 1999 年出台的《外商经营企业法》限制外国人投资进入三类行业：因特殊理由禁止外国人投资的业务，包括林业和原木加工以及在泰国领海和经济特区的捕鱼；需经商业部长批准的项目，包括对自然资源、生态环境造成不良影响的投资业务；本国人对外国人未具竞争能力的投资业务，包括水产养殖业和营造林木的开发与经营等。⑤

---

① 参见 2018 年菲律宾发布的第 11 版外国投资负面清单。

② 资料来源：《对外投资合作国别（地区）指南：越南》（2021 年版）。

③ 参见柬埔寨《投资法》第 12 条。

④ 参见柬埔寨《矿产勘探和工业开采执照管理条例》。

⑤ 参见泰国《外商经营企业法》。

韩国对外资准入管理采取负面清单的形式，将外资准入分为两类：限制类和禁止类。其中，水力、火力和太阳能发电业属于限制类投资行业，外商从韩国电力公司买入的发电设备总和低于韩国国内全部发电设备的 30％ 时，给予许可。放射性废弃物收集搬运及处理业也是限制性外商投资行业，除韩国《放射性废弃物管理法》第九条规定的放射性废弃物管理项目外，给予许可。另，根据韩国 2020 年《外国人投资综合公告》的规定，地方政府负责人在对外国法人或自然人颁发相关渔业许可前要与韩国海洋水产部进行事先协商；当该外国法人或自然人按照韩国法律已注册企业时，如外方股权高于50％，地方政府负责人需要提前与海洋水产部进行协商。①

埃及对采矿业等 10 个行业的外资进入设置了限制，参与埃及油气资源上游开发的国际石油公司必须与其 4 家国有石油公司以分成协议（PSA）的形式合作。根据埃及《投资法》的规定，埃及提供的保障和激励政策分为四个层次：投资保障；一般激励政策；特殊激励政策；附加激励政策。如果项目的投资额比较大，埃及会根据具体情况提供投资者需要的其他激励政策。2020 年的第 6 号总理令规定，已在《投资法》下注册的投资项目，如满足以下条件，其扩展项目均可享受所有一般激励政策、特殊激励政策、附加激励政策：①行业范围：……电力、能源、自然资源、水等；②扩展项目在 2020年 3 月 8 日之后进行；③扩展项目须新增资产，提高产能；④扩展项目具有单独的账户和财务报表。②

（2）国家针对涉环境外国投资采取的优惠措施

巴西北部和东北部地区对外采取鼓励政策，在该地区投资的企业可申请减免联邦税种，符合条件的企业可申请减免一定比例的所得税。③

南非的产业政策项目指向的项目包括使用清洁生产技术、提高环境保护水平的项目，该项目提供的资金总额为 200 亿兰特，减免大型项目的所得税。此外，南非贸工部和工业发展公司对采矿和选矿业、林业和造纸业等产业的发展提供有竞争力的贷款利率支持。南非贸工部长 2016 年宣布，符合

①资料来源：《对外投资合作国别（地区）指南：韩国》（2020 年版）。
②资料来源：《对外投资合作国别（地区）指南：埃及》（2020 年版）。
③资料来源：《对外投资合作国别（地区）指南：巴西》（2020 年版）。

条件的制造商可获得上限为 5000 万兰特的贷款支持，固定年利率为 4%，此外还为所有符合条件的初创企业申请者提供同样贷款额度和利率的支持，资金到期时间为 84 个月。[①]

菲律宾将所有投资领域分为三类：优先投资领域；限制投资领域；禁止投资领域。根据《投资优先计划》，农业和渔业、与环境或气候变化有关的项目被列入优先领域，从而可享受优惠政策，包括减免所得税、免除进口设备及零部件的进口关税、免除进口码头税、免除出口税费等财政优惠，以及无限制使用托运设备、简化进出口通关程序等非财政优惠。[②]

越南鼓励外商投资的行业很多涉及环境领域，如再生能源、清洁能源、废料发电行业、节能产品生产行业、服务农林渔业的机械设备生产行业等。[③]越南对这些投资提供政策优惠：投资高新技术产业的外资可长期适用 10% 的企业所得税税率，并从盈利之时起，享受 4 年免税和随后 9 年减半征税的优惠政策；这类企业的越南籍员工与外籍员工在缴纳个人所得税方面适用同等纳税标准；与越南国内投资者适用统一租地价格；为外籍员工及其家属提供出入境和居留方面的便利条件；等等。

泰国将鼓励投资的行业分为六类，涉及环境的有三类：A1 类包括垃圾发电等行业，这类行业享受企业所得税免税 8 年、无投资额度限制，机器或原材料进口税免除以及其他非税收优惠权益；A3 类包括工业区环境保护项目等领域，这类行业享受免 5 年企业所得税、免机器或原材料进口税及其他非税收优惠权益；A4 类包括利用农副产品和农业废弃物生产产品项目等行业，这类行业享受免 3 年企业所得税、免机器或原材料进口税及其他非税收优惠权益。[④]

韩国针对新增长动力产业技术相关项目采取优惠措施，其中能源新产业及环境行业属于项目涉及的领域，建设并经营工厂企业、外资投资额在 200 万美元以上的该领域外资企业享受的减免税费有两类：一类是地税、购置税和财产税（仅限于土地）减免，可享受"5 免 2 减半"优惠；一类是国税、

①资料来源：《对外投资合作国别（地区）指南：南非》（2020 年版）。

②资料来源：《对外投资合作国别（地区）指南：菲律宾》（2020 年版）。

③参见越南《投资法》第 16 条。

④资料来源：《对外投资合作国别（地区）指南：泰国》（2020 年版）。

关税（仅限于生产资料）、个别消费税和增值税减免。此外，外国投资企业还可享受与韩国企业相同的税额抵扣政策。投资矿业且长时间用工人数达到300人的外资企业、投资林业和渔业且长时间用工人数达到200人的外资企业以及投资下水和废物处理、原料再生和环境治理业且长时间用工人数达到100人的外资企业可获得韩国的现金支持，由外资企业与韩国"现金支持限额核算委员会"协商现金的支持额度，而且该现金支持可与地方政府给予外资企业的各项补贴并行。①

埃及《投资法》规定，享受一般激励政策的行业有12类，其中涉及环境的行业有四类：农业、畜牧业、家禽、渔业生产；电力和能源；油气和其他自然资源；供水。这里的一般激励政策包括：投资项目自商业注册登记起5年内，免除有关合同的印花税和公证费；为设立公司而进口的必要机器、设备、仪器，以及公共设施工程公司进口设立和完善公司所需的必要机器、设备和仪器，均按照货值2％的统一税率缴纳海关关税；为生产出口产品所需的进口模具以及类似生产必需品，进口时免征关税。②

（3）地方针对涉环境外国投资采取的优惠措施

韩国地方政府对符合条件的外资企业提供多种优惠政策。比如首尔对新增长动力产业技术相关项目的购置税、财产税进行减免：前3—5年全部免交，后2年减免50％。釜山规定新增长动力产业企业可享受购置税、注册税前7年全免、后3年50％的减免。仁川规定新增长动力产业企业可享受购置税、注册税、财产税前10年全免、后3年50％的减免。大田规定新增长动力产业企业可享受购置税、注册税全免，财产税、综合土地税15年减免100％。③

埃及《投资法》第11条针对特定区域的外国投资实行特殊激励政策。其中在B类区域设立的特定产业项目在满足一定条件的情况下可享受特殊激励政策，企业所得税核减额度最高为投资成本的30％。其中即包括使用新能源、再生能源的项目和能源生产项目以及农业废物利用项目。④

越南将鼓励投资的行政区域分为两类：A区（特别艰苦地区）；B区

---

①资料来源：《对外投资合作国别（地区）指南：韩国》（2020年版）。

②参见埃及《投资法》。

③资料来源：《对外投资合作国别（地区）指南：韩国》（2020年版）。

④参见埃及《投资法》。

（艰苦地区）。A 区投资享受特别鼓励优惠政策：①企业所得税方面，享受 4
年免税优惠，免税期满后 9 年征收 5％，随后 6 年征收 10％，之后按普通项
目征税；②进出口关税方面，免固定资产进口关税及从投产之日起免前 5 年
原料、物资或半成品进口关税。属出口产品生产加工的，可免征出口关税或
退税；③土地租用费方面，最长减免 15 年。B 区投资享受鼓励优惠政策：
①享受 2 年企业所得税免税优惠，免税期满后 4 年征收 7.5％，随后 8 年征
收 15％，之后按普通项目征税；②土地租用费最长减免 11 年。①

（二）国家在环境法中对外资的限制

1. 发达国家

美国在环境法中对外资的限制主要表现为投资实施前的环境影响评价和
投资运行中的环境质量标准。美国的环境影响评价制度是《国际环境政策
法》的核心内容，规定对人类环境质量具有重大影响的每一项重大联邦行
动，均要进行环境影响评价，即由相关部门提供一份包括以下内容的详细说
明：（1）拟议行动将会对环境产生的影响；（2）如拟议建议予以实施，将必
然出现不利于环境的影响；（3）拟议行动的替代方案；（4）对人类环境的短
期利用和维持与加强长期生产力之间的关系；（5）若拟议行动付诸实施，将
造成无法改变和无法恢复的资源损失。联邦政府有关部门负责对环境影响评
价的审批和监督。同样，美国大部分的州和地方政府也制定了环境影响评价
制度，且其要求更加严格，州或地方政府拟订的项目以及需要州或地方政府
核准的私人项目都要进行环境影响评价。此外，美国环境法体系完备，内容
丰富。其中，《清洁空气法》制定的国家空气质量标准主要涉及六种污染物
质，分别为二氧化硫、空气污染微粒、氮氧化物、一氧化碳、臭氧和铅。联
邦环保局根据《清洁空气法》对污染物进行更加细致的分类，制定保护公众
健康的严格的"一级国家空气质量标准"和保护公共福利的"二级国家空气
质量标准"。《清洁水法》规定，除非得到排污许可证（Permit），否则不得
向水体中排放污染物。每一份排污许可证都包含以下信息：污染处理的技术
要求，尾水的浓度和数量限制，达标截止日期，等等。《清洁空气法》授权
美国环保局针对不同的工业污染源制定不同的排放标准。此外，动植物保护

①资料来源：《对外投资合作国别（地区）指南：越南》（2020 年版）。

方面的法律法规以及森林保护方面的法律法规也都制定了相应的保护标准或要求。外资运行过程中，必须严格按照美国环境法的规定进行经济活动。

英国的环境影响评价制度对外资同样持中立政策，是否进行环评要看投资是否对环境造成了重大影响。所有外资活动必须严格遵守环境影响评价程序：确定所进行的项目是否需要申请环评；判定需要进行评估及填写在环境说明中的事项；准备环境报告；进行申请并公开征求意见；当地规划主管部门或国务大臣决定是否允许项目实施。英国环境法也制定了空气质量管理战略、水质量管理计划和土壤可持续性管理计划，外资企业必须履行环境法规定的义务，减少污染物的排放。[①]

法国的环境影响评价取决于投资活动的规模和性质，而不是取决于是否是外资。对环境无影响或影响极小的项目，免除环境影响评价；对环境有影响的中型项目，做简单的环境影响说明；对环境有重大影响的大型项目，做正式的环境影响评价。法国的环境法即《环境法典》，内容涵盖了所有环保领域。大气保护方面，法国采取了多项措施以减少污染物的排放；在水资源保护方面，制定了80多项用水指标。凡未经批准用水或超标排放污水，由地方环保部门负责监督处罚。[②]

德国的《环境影响评价法》规定，建设工程必须进行环境影响评价，评价工作由项目所在地环保部门联合建筑主管部门共同进行。德国的环境法律法规涉及气候与能源、空气与噪声、垃圾处理、土地保护、水源保护、自然保护等领域，每个领域都确立了相应的目标和标准。其中，《联邦废气排放法》规定了200多种有害气体的排放标准，《水资源管理法》对城镇和企业的取水、用水以及污水处理和排放做了"一般条款性"的规定。在德国，外资与内资的待遇相同，因此上述环境法的规定，外资同样要严格遵守。[③]

2. 发展中国家

巴西要求对外资企业的投资活动进行环境评估，只有完成评估手续，才能开展相关投资或工程承包活动。巴西环境和可再生自然资源管理局以及各州市

[①] 资料来源：《对外投资合作国别（地区）指南：英国》（2020年版）。
[②] 资料来源：《对外投资合作国别（地区）指南：法国》（2020年版）。
[③] 资料来源：《对外投资合作国别（地区）指南：德国》（2020年版）。

环境局具体实施巴西联邦和地方的环评工作。其中，石油、水利电力项目、核能等涉及国家战略重大资源的项目，或者地跨两个州以上的重大工程项目要向巴西环境和可再生自然资源管理局申请环评。其他工程向所属州市的环境局申请。巴西的环评程序非常严苛：施工规划期间要求提供包括地理位置和对环境的改变等内容在内的工程技术报告以获得初步许可；提交基础环境计划以取得开工许可；提交环境计划报告以及上述步骤中提及的环境方案以获得施工许可。巴西的环境法体系比较完善，对固定污染源污染物的排放设定了排放标准，对移动污染源空气污染物质的排放也设立了最大限制程序和标准。[1]

南非根据项目对环境影响的程度，将环境影响评价分为两类：一类是基本评价，适用于一般项目；一类是环境影响评价，适用于对环境具有潜在重大影响的项目或环境主管部门难以依据基本评价做出决定的项目。后一类情况，申请人必须提出项目的替代方案，全面评估项目对环境影响的程度以及缓解这种影响的措施。[2]

印度的《环境评价条例》规定，公司或个体在开展核能工程、石油冶炼等30种投资额超过5亿卢比的新工程或项目前，必须向印度环保部提出环保评价申请。申请书应涵盖项目对环境的影响说明、环境治理的方案以及公共听证会等内容。采矿等特殊项目采取两级审查程序，项目申请人需先取得场地许可，再进行环保评估申请。[3]

菲律宾的环境影响评价制度规定，外资在从事或经营任何对环境至关重要的项目前，必须获得环境合格证。该证由环境与自然资源部颁发，证明相关项目符合环境影响评价体系的规定，并已承诺实施获批的环境管理计划，以应对项目将产生的环境影响。[4]

越南对需要提供环境报告的投资或工程项目进行了列举：由国会、政府、政府总理审批的项目；使用自然保护区、国家公园、历史文化遗迹和旅游胜地部分土地的项目；建筑、建材生产、交通、电子、能源和放射性、水利和森林种植开发、矿产勘探开发和加工、油气、垃圾处理、机械冶金、食

---

[1] 资料来源：《对外投资合作国别（地区）指南：巴西》（2020年版）。
[2] 资料来源：《对外投资合作国别（地区）指南：南非》（2020年版）。
[3] 资料来源：《对外投资合作国别（地区）指南：印度》（2020年版）。
[4] 资料来源：《对外投资合作国别（地区）指南：菲律宾》（2020年版）。

品生产加工等项目；有可能对内河流域、沿海地区和生态保护区造成不良影响的项目；工业区、经济区、高新技术区和出口加工区建设项目；新都市和居民聚集区建设项目；地下水和自然资源大规模开发和利用项目；对环境有较大潜在不良影响的项目。要求环评报告涵盖以下内容：项目具体建设细节；项目所在地环境状况总体评价；项目建成后可能对环境造成的影响及具体应对方案；承诺在项目建设和运营过程中采取环保措施；当地乡一级人民委员会和居民代表的意见等。[1]

柬埔寨的环境影响评价法令规定，申请人必须在环评初期将项目方案递交环境影响管理机构，并公布项目方案中的详细计划，公众有权在方案公示期间提出书面异议。申请人在收到公众异议后要进行公众咨询，并将咨询结果和相关文件以及环评职责书提交环境影响评价专门委员会进行审查。[2]

泰国的环境影响评价制度规定，申请人须将环评报告同时提交给相关的项目审批机构和环境政策和计划办公室，后者同意后，前者方可发放投资或项目实施许可。环评报告可以采用标准范本的形式。[3]

韩国的环境影响评价制度要求对一定规模以上的开发建设项目进行环境影响评价。《环境影响评价法》规定，环境影响评价要涉及大气环境、水体环境、土地环境、自然生态环境、生活环境、社会经济环境等6个方面，其程序主要包括以下几个事项：①申请人向许可机关或环境部提交环境影响评价计划书，相关部门审议后确定环评的项目和范围；②申请人编制环境影响评估材料草案，并将拟建项目提交到所在地行政部门；③申请人编制正式环境影响评估材料，提交许可机关进行事前审查，后者向环境部提出审查协调申请；④环境部审议申请人提交的环境影响评估材料，同时征求专业机构及相关部门意见后做出决定，并提出环保要求；⑤申请人应遵照环境部环保要求进行施工，同时接受许可机关的管理和监督；⑥申请人根据规定进行事后环境影响调查，并向环境部提交调查结果。[4]

埃及的《环境法》要求所有投资在获得最终许可前必须通过环境事务部的

---

① 资料来源：《对外投资合作国别（地区）指南：越南》（2020 年版）。

② 资料来源：《对外投资合作国别（地区）指南：柬埔寨》（2020 年版）。

③ 参见泰国《国家环境质量促进和保护法》。

④ 资料来源：《对外投资合作国别（地区）指南：韩国》（2020 年版）。

环境影响评价。编制环评报告的材料要涵盖以下内容：项目投资申报时的环评报告；具体投资地点；生产工艺流程说明；用水量及污水处理工艺的详细说明；电力、燃气等相关能源的初步合同；排放废气的情况下，废气控制工艺的说明；如有化工原料，关于该原料防护与操作的说明；员工劳动保护的说明。[①]

三、国家对外资单边环境规制措施的主要特点和发展趋势

（一）环境措施越来越多地被国家用作调整投资结构的重要工具和手段

20 世纪 90 年代以来，可持续发展理念逐渐深入人心。各国纷纷调整经济增长模式，将高能耗的生产方式向高效率的生产方式转变，努力实现经济发展和环境保护之间的平衡。而促进资源节约、开发新能源和新能源技术、实现清洁生产，无疑是实现经济增长方式转变的关键环节。现实的情况是，无论是资源能源的节约使用还是新能源或新能源技术的开发与利用，无一不是由企业在具体的投资活动中加以实施。如此，经济增长模式的转变实际上表现为节约资源行业以及新能源行业的崛起，并进一步表现为这些行业投资活动的增加。这个过程就是投资结构调整的过程，换言之，国家为实现经济的可持续发展需要对投资结构进行调整，投资结构调整的关键是资源节约和新能源行业的蓬勃兴起以及清洁生产的实现。然而，资源的节约、新能源开发和清洁生产均需要技术提供支持，这对于发达国家的跨国公司来说尚且是一个不小的挑战，对于发展中国家来说就更是面临的一大难题，因此，需要通过引进外资加以解决。

因此，我们看到，几乎所有发达国家均出台了鼓励和支持环境友好技术投资的政策与法案，几乎所有发展中国家都通过引进环境友好型外资来对本国投资结构进行升级换代，环境措施越来越多地被国家用作调整投资结构的重要工具和手段。

（二）环境影响评价越来越成为国家对外资进行环境规制的重要内容

前述，一国可以通过两种方式对外资进行单边环境规制：在外资政策和法律法规中采取环境措施；在环境法中对外资进行限制。综观各国在外资领

---

① 资料来源：《对外投资合作国别（地区）指南：埃及》（2020 年版）。

域实施的环境措施，无论是外资准入、行业优惠还是地方吸引外资的优惠政策，发达国家和发展中国家之间差别较大。即便同为发达国家或发展中国家，所采取的环境措施也是千差万别。然而，上述各类国家在环境影响评价的实施方面却是一致的。在环境保护意识不断增强的今天，无论一国的经济发展程度如何，其引进外资力度怎样，无一例外地均要求进行环境影响评价。东南亚小国文莱，其外资政策中给予优惠待遇的涉环境行业仅有废品处理工业和非金属矿产品制造业两类，同样实行严格的环境影响评价制度，要求新建工程项目必须通过环境影响评估，目前正在考虑针对能源行业实施更高的环保标准。① 非洲国家多哥是世界上最不发达的国家之一，其在环境影响评价制度的实施方面却非常"发达"：事先向多哥主管部门提交环境影响研究报告是法律的硬性规定；向环境、可持续发展与自然保护部提交报告的同时抄送具体业务主管部门；投资活动实施阶段，环境、可持续发展与自然保护部还将对环保情况进行抽查或例行检查，并提出检查意见。② 太平洋岛国萨摩亚的环境法体系不够完备，但环境影响评价制度特别是环评程序却比较完善：申请人向规划和城市管理局提出环评申请；规划和城市管理局发布公告，征求公众意见；规划和城市管理局要求申请人提供更多详细信息或决定前期听证会；规划和城市管理局向其他相关主管部门征求意见；审批官向主管决策部门提交建议书并做出是否批准的决定；规划和城市管理局将审批决定通知申请人及利益相关方；如申请人对决定不服可向规划法院提请申诉。③

由此可见，环境影响评价作为规制外资的重要手段和工具已成为各国的必然选择，从而越来越成为国家对外资进行环境规制的重要内容。

（三）传统资源能源行业成为国家对外资设立限制条件的重要领域

资源能源是经济生产的"维生素"，无论节能技术多么先进、新能源技术多么发达，自然资源和煤炭石油等能源仍是各国发展经济的主要支撑。从储量上看，世界资源能源储量丰富，可以维持全球经济增长和发展中国家的工业化进程。随着高科技的发展和使用，主要资源能源的储量仍在增长，非

---

①资料来源：《对外投资合作国别（地区）指南：文莱》（2020年版）。

②资料来源：《对外投资合作国别（地区）指南：多哥》（2020年版）。

③资料来源：《对外投资合作国别（地区）指南：萨摩亚》（2020年版）。

传统能源在不断被探明，开发难度较大的矿床不断被发现和利用。但总的来看，世界资源能源储量的增长幅度在放缓。这一方面自然是因为保护生态环境的呼声不断高涨导致资源能源勘探、开发活动受到限制，另一方面也因为可再生能源技术的发展使得不可再生的传统资源能源被部分可再生能源代替，造成传统资源能源勘探动力不足。

需要指出的是，世界资源能源储量分布极不平衡。大多数矿种的已探明储量主要集中在少数几个国家或地区。全世界的石油储量主要集中在中东地区的 6 个国家和南美洲的委内瑞拉境内，其中中东石油探明储量占全球石油储量的 48.3%，中南美洲石油探明储量占全球石油储量的 18.8%。① 天然气分布有两个集中地：里海沿岸和波斯湾沿岸。截至 2018 年年底，里海沿岸国家天然气探明储量占世界天然气探明储量的 31.9%，波斯湾沿岸国家天然气探明储量占世界天然气探明储量的 38.4%。② 煤炭储量相对分散，没有特别集中的区域，已探明煤炭储量排名世界前十的国家分别是：美国、俄罗斯、澳大利亚、中国、印度、印尼、德国、乌克兰、波兰、哈萨克斯坦。而且，中国和印尼的煤炭可开采年限均在 100 年之内，中国为 38 年，印尼为 57 年。③ 在此情况下，资源能源储量不占优势的发达国家自然将能源资源行业视为敏感经济行业，对外资的进入持谨慎态度，进而施加一定限制，以防止外资对国内部分产业和经济发展造成冲击，甚至损害国家的主权和根本利益。发展中国家尽管在能源资源储量上占相对优势，但同样由于该领域在工业生产中"维生素"性质的重要意义，而在外资准入问题上设置限制条件。石油探明储量占世界近五分之一的"石油王国"沙特阿拉伯，将石油资源的勘探和生产（但不包括国际分类码 883－5115 项下的矿产领域服务）列为禁止外资进入的行业，只是对以能源为基础的产业，比如原油炼化、石化、化肥、淡化海水与发电业、冶金开矿行业等方面进行了鼓励和支持。④ 俄罗斯《关于外资进入对保障国防和国家安全具有战略意义的商业组织程序法》将46 种经营活动列为战略性行业，对外资准入进行限制，其中包括核原料生

---

① 截至 2018 年年底的数据。

② 数据来源：BP（英国石油公司）：2019 世界能源统计年鉴。

③ 数据来源：BP（英国石油公司）：2019 世界能源统计年鉴。

④ 资料来源：《对外投资合作国别（地区）指南：沙特阿拉伯》（2020 年版）。

产、联邦级地下资源区块的开发和水下资源。① 综观东盟 10 国，除了新加坡因自身资源能源严重匮乏而没有对该行业的外资准入设置限制条件，以及马来西亚没有对能源资源行业外资准入做明确限制外，其他 8 国均设置了不同程度的限制条件。欧盟 27 国中，除保加利亚和马耳他没有明确针对涉能源资源的外国投资市场准入设立限制条件外，其他 25 个国家均或禁止或限制外国投资进入传统资源能源的勘探、开发和开采领域，其中卢森堡明确规定煤炭钢铁行业不享受地区鼓励政策。② 资源能源丰富的中东 23 国③，除了叙利亚鼓励外资进入资源能源行业，阿曼和黎巴嫩未对资源能源行业设置明确准入限制外，其他国家均在不同程度、不同方面限制外资进入传统资源能源领域。④

---

①资料来源：《对外投资合作国别（地区）指南：俄罗斯》（2020 年版）。

②相关数据根据《对外投资合作国别（地区）指南》（2020 年版）提供的资料整理。

③中东 23 国分别为阿富汗、伊朗、土耳其、伊拉克、科威特、沙特阿拉伯、巴林、卡塔尔、阿联酋、阿曼、塞浦路斯、埃及、约旦、以色列、黎巴嫩、巴勒斯坦、叙利亚、也门、利比亚、苏丹、摩洛哥、阿尔及利亚、突尼斯。

④伊拉克对外资开放石油行业，但禁止外资进入自然资源领域。巴勒斯坦因资料缺乏尚无确切判断。

第四章　双边投资协定环境条款考察

一、环境条款走进双边投资协定

（一）双边投资协定的实施与存在的弊端

双边投资协定是两个缔约方维护各自海外投资利益的重要手段。在国家之间经济利益冲突较大、难以达成区域性或全球性国际投资协定的情况下，双边投资协定愈发起到保护投资者利益、促进投资自由化的重要作用。

第一代双边投资协定是《友好通商航海条约》，要求东道国将外国投资与其他国家的投资同等对待，包括在有些情况下给予外国投资本国国民的优惠待遇。这类条约还规定两国之间的贸易和航海条件，以及外国人在东道国开展业务和拥有财产的权利。战后，发达国家在国际经济格局中占据绝对优势，国内投资市场趋于饱和，亟须在海外寻找资本出路。同时，非殖民化运动后取得政治独立的广大发展中国家急需引进外资，以启动或加快工业现代化进程，尽快实现经济上的独立。于是，发达国家与发展中国家之间缔结了大量双边投资协定，这也是第二代双边投资协定。

第二代双边投资协定规定了政府对待外国投资者的标准：公平公正待遇标准，通常要求东道国政府给予外资国民待遇或最惠国待遇；在征收事项上获得保护；国际支付的自由转移和充分保护；等等。随着发展中国家经济的发展，以及冷战结束后原苏东国家走上市场经济之路，双边国际投资协定逐步扩展到发展中国家之间以及经济转型国家之间，双边投资协定的发展一时如日中天。在此背景下，国际投资自由化跃进到一个新时代。不仅西方发达国家的跨国公司在全球进行战略布局，建立起原料供应基地、生产基地和消费市场，发展中国家的海外投资也呈现出如火如荼的局面。

然而，在双边投资协定护卫下的国际投资迅猛发展的背后，是环境问题尤其是污染问题的日益严峻。我们看到，战后西方国家比如美国在 20 世纪 70 年代后实行了严格的环境治理，美国的环境也因此不断清洁起来。日本、欧盟等其他国家和地区的情形也大致如此。但我们同时也会发现，西方发达国家环境质量大幅度改善之时也是其国际投资大幅度增长的时期，同时也是发展中国家环境污染问题日益严重的时期。根据通用的国际标准可以将国民经济划分为三次产业：第一产业包括农、猎、林、渔业，采矿业和石油业；第二产业包括制造业；第三产业即服务业。① 纵观西方发达国家 20 世纪 80 年代以来的国际投资情形，可以看到流入第一产业的投资量最少，而且主要集中在采矿业和石油业；流入第二产业的国际投资由 80 年代初期的 55% 左右下降到 90 年代末的 40% 左右，而且流入发展中国家的投资集中在技术含量不密集的行业；流入第三产业的国际投资直线上升，到 90 年代末在全球国际直接投资总额中已占半壁江山。与此相应，同时期全球范围内特别是发展中国家的自然资源破坏严重、工业污染不断加剧、生物多样性受到严重威胁。

显然，双边投资协定的实施客观上造成了资本流动的繁荣、经济的空前发展，但该类协议对环境问题的"无视"则助长了资本破坏环境的嚣张气焰。对此，有美国学者一针见血地指出：当跨国公司在中国、印度和其他国家寻找低成本劳动力时，他们实际上也在输出污染和浪费。②

（二）双边投资协定中纳入环境条款的必然性

双边投资协定完全忽视污染问题的做法到 20 世纪 90 年代走到了尽头。前述，实现经济社会的可持续发展，必须平衡经济发展与环境保护之间的关系，从根本上说是平衡投资与环境之间的关系。1992 年的里约热内卢地球峰会正式提出可持续发展战略后，可持续发展成为各国发展经济、规划投资的指导思想，环境开始正式进入双边国际投资视域。

其实，随着经济的不断好转，各国尤其是发展中国家也逐渐意识到双边投资协定的弊端。这种协定，无论是美国模式还是德国模式，保护的都是私

---

①柳德荣. 20 世纪 80 年代以来全球国际直接投资特征 [J]. 湖南商学院学报，2005（2）：29-32.

②杰弗瑞·史密斯（Jeffery K Smith）在其博客《出口污染》（"Exporting pollution"）一文中如是说。

人投资者的利益。协定条款均是为了给本国私人资本创造较好的投资环境，对于东道国来说承担得更多的是保护外国投资的义务，至于基于公共利益对外资进行规制的权利，早期的双边投资协定中并不涉及相关内容。这致使在实践中要面临一个两难问题：按照双边投资协定，东道国不能基于环境原因对外资活动采取限制措施；但如果不采取环境措施，外国投资者的经济活动将严重损害东道国的环境和人民的健康安全。那么外国投资者的私人利益和东道国的国家主权之间的矛盾如何协调？最好的办法自然是两者的利益兼顾，其法律依据就是在双边投资协定中纳入的环境条款。1985 年，中国-新加坡双边投资协定中首次出现涉环境条款，协定第 11 条这样规定："本协定的规定不应以任何方式约束缔约任何一方为保护其根本的安全利益，或为保障公共健康，或为预防动、植物的病虫害，而使用任何种类的禁止或限制的权利或采取其他任何行动的权利"①，从而为双方基于公共利益对外资采取规制措施预留了部分政策空间。此后，在双边投资协定中包含环境条款的做法越来越多，到 2009 年，包含环境条款的双边投资协定已占同期签订的双边投资协定总量的 89%。

二、环境条款在双边投资协定中的演进

从 20 世纪 80 年代中期以来，双边投资协定纳入环境条款的做法日益普遍，到目前基本上成为双边投资协定的"标配"条款。尽管存在着这样那样的问题，环境条款在双边投资协定中的地位到底是稳固下来了。

以 2004 年和 2012 年美国和加拿大的双边投资协定范本环境条款的发展变化为界点，双边投资协定环境条款的演进历程可以划分为三个阶段：

（一）1985－2004 年：双边投资协定中环境条款的初始发展阶段

该阶段是全球直接投资大发展时期，尤其是发达国家对发展中国家的投资增长迅猛。这一方面是由于彼时发展中国家基于发展经济的考虑亟须吸引外资，另一方面发达国家的跨国公司处于完善海外生产体系、实现全球化经营的激烈竞争时代，双边投资协定于是如雨后春笋般发展起来。对于协定的

---

①参见中华人民共和国政府和新加坡共和国政府关于促进和保护投资协定 [M]. 中国对外经济贸易法律大辞典 [M]. 上海：上海人民出版社，1995：104.

双方国家来说，其缔结协定的目的非常明确，投资者母国是为了给海外投资创造良好发展条件，东道国则是为了推进经济的现代化进程。因此，尽管该阶段可持续发展理念已广为传播，并被各国作为发展经济的指导思想，但在双边投资协定中真正想将环境保护落到实处的诚意还是令人怀疑的。前述，中国和新加坡在1985年的双边投资保护协定中以罕见的勇气将"环境"条款纳入，但不可否认的是该"环境条款"的根本目的是通过东道国对国内公共利益的维护，为外资创造良好的运营环境。1998年美国与玻利维亚《关于鼓励和相互保护投资的条约》序言规定：协定其他目标包括维持健康、安全和环境措施，但2000年美国时任国务卿玛德琳·奥尔布赖特提交的条约报告中明确写道：序言中的其他目标包括"维护健康、安全和环境措施。序言部分的规定没有约束力，其对目标的说明有助于解释协定和确定第8条项下缔约方之间的磋商范围"①。因此，尽管协定中"环境"一词出现得光明正大，但序言的规定怎么看都有"走过场"的嫌疑。1995年的美国与尼加拉瓜《关于鼓励和相互保护投资的协定》序言中的规定"同意在不放松普遍适用的健康、安全和环境措施的情况下实现这些目标"同样如此。

上述表明，该阶段的双边投资协定环境条款尽管体现了可持续发展理念盛行的背景下各国在发展国际投资的同时进行环境保护的意图，但如何实现这种保护从而真正实现经济尤其是投资的可持续增长，缔约国显然没有具体的构想和实施方案，双边投资协定环境条款尚处于初始发展阶段。

（二）2004—2012年：双边投资协定中环境条款的日益成熟阶段

2004年美国和加拿大双边投资协定范本的形成，标志着双边投资协定环境条款开始走向成熟。相比1994年双边投资协定范本，美国2004年范本对环境问题的关注已较为突出。

1. 美国2004年双边投资协定范本中的环境条款

（1）序言

序言中涉及环境的表述为"希望以保护健康、安全和环境，以及促进国际公认的劳工权利的方式实现这些目标"，首先表明国际投资目标的实现与

---

①See Bolivia Bilateral Investment Treat, Letter of submittal, Department of State, Washington, April 24, 2000.

健康和环境的保护并不冲突，而是可以兼顾，可以以保护健康和环境的方式来刺激私人资本的流动和缔约方的经济发展，通过保护健康和环境的方式最大限度地有效利用节约资源，提高缔约方人民的生活水平。

（2）第 8 条第三段 C 项

范本第 8 条"履行要求"的第三段 C 项中涉环境的内容规定如下：若此类措施的实施不是武断的、不公正的，且并不对国际贸易和投资构成变相限制，则第一段的 b、c、f 项和第二段的 a、b 项不得解释为阻止任一缔约方采用或维持包括环境措施在内的以下措施：为保护人类、动物或植物的生命或健康所必需的；或与保护生物或非生物的可用竭的自然资源相关的。

显然，范本第 8 条的上述规定是以例外条款的方式设计的，带有明显的GATT 痕迹。也可以说，该环境例外条款的规定是 GATT 第 20 条环境例外条款的翻版，它使得东道国可以在满足该条序言条件的情况下实施特定的环境措施，而无需对利益受到影响的外国投资进行补偿。[①]

（3）第 12 条

2004 版美国双边投资协定范本增加了"投资与环境"部分，该部分内容独立成条，即第 12 条。该条包括两款内容。第一款规定：缔约各方认识到，通过削弱或降低国内环境法所提供的保护来鼓励投资的做法是不适当的。因此，每一方均应尽力确保它不放弃、背离，或试图放弃、背离其环境法律，不以削弱或降低这些法律提供的保护的方式鼓励在其领土内建立、收购、扩张或保留外国投资。如果一方认为另一方提供了这种鼓励，它可以要求与另一方协商，双方应协商以避免任何这种鼓励。第二款规定：本条约的任何规定均不应被解释为阻止缔约方采取、维持或实施其认为适当的、任何与本条约相一致的措施，以确保其境内的投资活动对环境问题保持关切。[②]

第 12 条表明缔约国激励国际投资不能通过降低国内环境标准的方式进

---

① See Treaty between the Government of the United States of America and the Government of [Country] Concerning the encouragement and Reciprocal Protection of Investment, 2004 Model BIT, Article 8.

② See Treaty between the Government of the United States of America and the Government of [Country] Concerning the encouragement and Reciprocal Protection of Investment, 2004 Model BIT, Article 12.

行，如果任何一方通过这种方式吸引外国投资，另一方均可要求进行协商。而且任何一方均可以采取包括环境措施在内的任何措施，将境内的外资活动始终"矫正"在关注环境的轨道上。显然，在平衡投资与环境之间的关系上，这一点与第 8 条的环境例外条款是相呼应的。

2. 加拿大 2004 年双边投资协定范本中的环境条款

加拿大 2004 年双边投资协定是在参照北美自由贸易协定（NAFTA）投资章节、吸收加拿大在 NAFTA 投资仲裁方面经验的基础上完成的。与《北美自由贸易协定》第 11 章和 2004 版美国双边投资协定范本不同，加拿大 2004 版范本包括了类似 GATT 第 20 条一般例外的规定，适用于范本中的所有条约义务。这里的一般例外条款涵盖为保护人类、动植物生命或健康、确保遵守法律以及为保护可用竭自然资源等目的而采取的措施。有学者比如安德鲁·纽康贝认为，该范本明确将一般例外条款纳入其中，会更加凸显此前国际投资协定忽略该种条款的意义。因为早期国际投资协定的国民待遇条款要求东道国对"情况类似"的外国投资给予非歧视待遇，该义务不存在一般的健康或保护自然资源的例外情形。但 2004 版范本通过一般例外条款来保护东道国的监管权力，导致其在原协定中的缺位会产生一些问题，尤其是法庭适用 GATT 国民待遇贸易法理来解释原国际投资协定中国民待遇条款的时候。一方面，东道国为了保护自然资源而对外资实施征收，必须对外资进行赔偿，这是习惯国际法下东道国应当承担的国际责任；另一方面，范本中的环境例外条款并不阻碍东道国基于环境原因采取影响外资利益的征收措施，东道国只要对所有外资非歧视性地实施就不产生任何国际责任。

由此可见，美国和加拿大 2004 年双边投资协定范本中关于环境条款的规定无异于国际投资领域的一场变革。国际投资对环境问题的关注不再仅仅是在序言中表明一种态度，而是为东道国真正采取环境措施，实现经济社会的可持续发展留下了一定的政策空间。正是从这个意义上说，"《2004 年范本》以较为成熟的立法模式和较为完善的环境规则确立了美国投资条约环境规则"①，开启了双边投资协定环境条款的成熟发展阶段。

---

①胡晓红. 论美国投资条约中的环境规则及其对我国的启示 [J]. 法商研究，2013（2）：147-153.

（三）2012 年以来：双边投资协定中环境条款的深入发展阶段

进入 21 世纪，世界各国都面临全球气候变暖的重大议题，切实减排温室气体成为各国共识。2005 年，《京都议定书》生效，标志着全球进入落实减排措施的新阶段。2009 年的哥本哈根会议上，美国承诺 2020 年温室气体排放量在 2005 年基础上减少 17%。美国此举一方面是为了应对不断恶化的气候变化局面，另一方面"为做出更大范围的国内和国际减排努力奠定基础，同时也为长期的国际气候谈判做准备"①。美国不仅在气候变化问题上试图对国际谈判施加影响，还试图在整个环境问题上将其国内法向域外延伸，通过双边条约这个"中转站"将其在环境问题上的立场与方案传导至各国，从而确立美国在环境领域规则制定上的领导地位。在此背景下，2012 年美国的双边投资协定范本环境条款出台了。

总的来看，美国 2012 版范本环境条款在以下几个方面形成了对 2004 版范本环境条款的发展和超越：

1. 多边环境条约进入双边投资协定。范本第 12 条规定：双方承认各自的环境法律和政策以及双方共同参加的多边环境协定在保护环境方面发挥重要作用。② 这是多边环境条约在双边投资协定中的首次亮相，在一定程度上也是美国试图协调国际投资协定与国际环境条约关系的尝试。据此，东道国可以基于遵守国内环境法规和政策，或者遵守环境条约义务而采取特定措施，从而有利于更好地解决国际投资与环境保护之间的冲突，促进外资的可持续发展。

2. 缔约方的环境义务开始"硬化"。实践表明，"软性"环境义务对于环境保护的效果来说很难达到理想状态，这是由于国家在权衡经济与环境关系时更倾向于经济发展的现实所导致的。前述，2004 版范本第 12 条第 1 款对缔约方环境义务的规定采用了软性表述："每一方均应尽力确保它不放弃、背离，或试图放弃、背离其环境法律。"当缔约方在实践中没有"确保不放

---

①卢璐，邓红兵. 美国温室气体减排努力现状及近期动向 [J]. 环境与可持续发展，2012（3）：103-107.

②See Treaty between the Government of the United States of America and the Government of [Country] Concerning the encouragement and Reciprocal Protection of Investment，2004 Model BIT，Article 12.

弃、背离，或试图放弃、背离其环境法律"时，很难判断缔约方是否已经"尽力"但仍未能履行环境义务。因为"尽力"是个弹性概念，没有客观的衡量标准。是否尽力是一个问题，尽多大力又是一个问题。无论如何，这种软性规定是不利于条约环境义务的遵守的。2012 版范本对此进行了变革，将"软性"规定变为"硬性"规定："每一方均要确保不削弱或降低其环境法提供的保护而放弃、背离，或试图放弃、背离其环境法律，确保持续、有效地执行环境法律以鼓励境内外资的建立、并购、扩张或保留。"① 从"尽力确保"到"要确保"，转变的不仅仅是语言上的表述，更多的是对缔约国义务的"强硬"规定，缔约国的环境义务因此而具有了确定性和坚定性。"语言表述的不同说明美国开始重视投资条约缔约国在防止'逐次'竞争行为方面做出'明确的承诺'，而不仅是做出'努力'。"②

3. 公众参与原则的确立。双边投资保护协定是国家之间就各自海外投资的促进与保护而达成的合意，目的是为海外投资创造良好的发展环境。即便因环境问题产生了投资争端，双方国家也可以根据协定规定的争端解决方式来处理，公众参与投资与环境事务似乎没有现实的需要。因此，以往的双边投资协定均没有引入公众参与原则。2012 年美国双边投资协定环境条款在这方面进行了创新，第 12 条第 7 款规定："各方确认，每一方均可酌情就本条项下产生的任何事项提供公众参与的机会。"③ 显然，该条款赋予了缔约方一种权利，使缔约方可以根据具体情况决定要不要允许公众参与到投资与环境事务中。但问题是，公众如何参与外资与环境事务特别是涉环境外资争端？范本第 28 条第 2 款和第 3 款似乎能看出公众参与原则设计者的用心："2. 非争端当事方可就本条约的解释向仲裁庭出具口头和书面意见；3. 仲裁庭有权接受并审议非争议当事方的个人或实体出具的'法庭之友'意见

---

① See Treaty between the Government of the United States of America and the Government of [Country] Concerning the encouragement and Reciprocal Protection of Investment, 2012 Model BIT, Article 12.

② 胡晓红. 论美国投资条约中的环境规则及其对我国的启示 [J]. 法商研究，2013 (2)：147 - 153.

③ Article 12.7：The Parties confirm that each Party may, as appropriate, provide opportunities for public participation regarding any matter arising under this Article.

书。"言外之意，环保组织等"法庭之友"可以在环境投资争端中出具意见书，从而参与到环境与投资事务中来。公众参与原则的引入，表明美国"在努力加大与环境保护相关的投资争端解决的透明度"①。

特别值得一提的是，2012 版环境条款的内容比 2004 版大大增加和强化了，突出表现在其核心条款第 12 条由原来的 2 款增加到 7 款，而且在用语和措辞上也有了很大变化。环境条款的内容因此而更加具体和细化，双边投资协定环境条款进入深入发展阶段。

三、对美国双边投资协定范本中环境条款的解读

美国双边投资协定范本不仅是美国与其他国家进行双边投资谈判的模板，未来还有可能成为其他国家相互之间进行投资谈判、签订投资协定的蓝本。实践中，美国双边投资协定范本的每一次修订都成为世界范围内双边投资协定发展的风向标，在一定程度上甚至影响着国际投资法的发展方向，因此受到世界各国的持续关注。了解和深入把握双边投资协定环境条款，首先就要对美国双边投资协定范本中的环境条款进行解读。

前述，美国双边投资协定范本环境条款经历了 1994 年、2004 年、2012 年三次变化。2012 年美国双边投资协定范本环境条款由四部分构成：序言；第 6 条"征收和补偿"第 1 款（a）项；第 8 条"履行要求"第 3 款（c）项；第 12 条"投资和环境"。其中相较 2004 年，2012 年版环境条款的修改主要体现在范本第 12 条的 7 款内容上，这 7 款同时也是美国双边投资协定环境条款的核心内容。因此，解读美国双边投资协定范本环境条款，主要就是解读第 12 条的 7 款文本。

第 1 款是新增条款，"缔约双方承认各自的环境法律和政策以及双方共同参加的多边环境协定在保护环境方面发挥重要作用"。美国一直在寻求如何将投资协定与国家及国际环境政策相协调，双边投资协定范本的修改提供了这样一个机会。根据该条款规定，缔约国可以基于国内环境法律和政策采取措施，也可以基于双方共同参加的国际环境协定采取措施以保护环境。此

---

①胡晓红. 论美国投资条约中的环境规则及其对我国的启示［J］. 法商研究，2013（2）：147－153.

时，缔约双方既是双边国际投资协定的缔约方，同时又是多边环境协定的缔约国，因此每一缔约方履行条约义务、采取环境措施并不构成对国际投资条约的违反，因为后者已经将缔约国在多边环境协定下的义务纳入国际投资协定中。从而体现了对环境保护的重视和进一步强化。

第2款包含了两层意思：（1）缔约双方不能通过削弱或减少对环境的保护促进外资的流入，即不能为吸引外资而以牺牲环境为代价。由于历史原因，美国等西方发达国家率先完成了工业化进程并在"先污染后治理"的模式下较早对环境污染进行了治理，如今的环境标准普遍高于广大发展中国家以及经济转型国家。对于后者来说，如何引进外资发展国内经济是当下较为现实的选择。实践中，不少国家为了在吸引外资的竞争中占据优势，会在一定程度上降低国内环境标准。根据美国2012年范本该款规定，这种做法不被允许，吸引外资与环境保护并行不悖，要平衡二者之间的关系。（2）缔约双方因此承担以下义务：确保不以降低国内环境标准的方式放弃、背离，或试图放弃、背离国内环境法；确保持续、有效地执行国内环境法。缔约方如果降低环境标准以吸引外资，便在事实上无视其国内环境法，或者即使不是完全无视，也使国内环境法的权威性大打折扣。该款给缔约方施加了"确保"不放弃、背离国内环境法的义务就是要断绝缔约方降低环境标准吸引外资之路。不仅如此，该款还要求缔约方持续有效地执行环境法。该款文本中"持续执行"之意的表述是"可持续的、反复的作为或不作为"，这说明执行行为的不间断性，反映出范本对缔约方执行国内环境法"持续性"的高度关注和强调。而且，缔约方对国内环境法的执行还必须是"有效执行"，对执行效果的强调一方面说明缔约方环境义务的明确性，另一方面也体现出协定本款所施加的环境义务并非"挠痒痒"、走过场，而是要求缔约方真正将国内环境法落到实处。唯有如此，缔约方才不会以降低国内环境标准的方式来吸引外资，本款规定才能发挥应有的作用。

第3款规定："各方承认，每一方保留对监管、执行、调查和诉讼事项的酌处权，并有权决定更优先级环境事项的执法资源分配。因此，各方理解，如果一方的行动或不行动反映了该酌处权的合理行使，或源自有关资源分配的善意决定，则该方遵守了第2款的规定。"该款维护了缔约方的环境主权，使其能够对环境领域的监管、执行、调查和诉讼等事项进行酌情处理，能够决定优先级环境事项执法资源的分配。因此，如果缔约方是为了行使这两项环境主权，那么即使采取的环境措施构成了对国内环境法的放弃或背离，也不构成对第2款规定的违反，前提是缔约方对酌处权的行使是合理的，对环境执法资源分配的决定是善意的。该款是对第2款的补充，"这些内容着意于缔约方保护环境的自主权，为采取和实施相关措施以及支配相关资源预留空间，不致因为投资保护而减损自由裁量权的行使"①。

第4款规定："就本条而言，'环境法'是指每一缔约方的法律、法规或其规定，其主要目的是通过以下方式保护环境，防止对人类、动物或植物生命或健康造成危险：（a）防止、减少或控制污染环境的污染物的排放；（b）管制对环境有害或有毒的化学品、物质、材料及废弃物，并对与之相关的信息的传播进行控制；（c）保护野生动植物，包括濒危物种及栖息地，特别是缔约方境内的自然保护区。但不包括与工人安全或健康直接相关的任何法律、法规或其他规定。"该款是对环境法的定义，适用于空气污染物质和水污染物质排放的管制、固体废弃物的管制以及野生动植物的保护，范围广泛但又比较具体。尤其指出，环境法不包括那些与工人安全或健康直接相关的法律规范。这种规定一方面明确了环境保护的关键要素，另一方面又适度限制了环境条款的适用范围。如此，环境得以保护，而国际投资也不会受到过多阻碍，较好地平衡了环境保护与投资发展之间的关系。

第5款规定："本条约的任何规定均不得解释为阻止缔约方采取、维持或实施其认为适当的任何与本条约相一致的措施，以确保其境内的投资活动对环境问题保持关切。"2012年范本该款规定与2004年范本相同，为缔约方预留了一定的行使公共权力的政策空间。资本活动是逐利行为，其经营战略以盈利为导向，在完全漠视环境保护的情况下极易给东道国的环境造成污染和破坏。在这种情况下，东道国有权利采取、维持或实施措施，矫正外国投资的不负责任行为，使其承担应该承担的责任。而且，即便投资活动尚未造成环境污染和破坏，东道国同样可以维持或实施相应措施，确保外资活动始终符合相应的环境标准，从而起到防患于未然的作用。当然，缔约方是否采

---

①王艳冰. 美国新版 BIT 对环境保护的强化及中国对策 [J]. 上海政法学院学报（法治论丛），2015（4）：40—48.

取以及如何采取相应措施，由该国斟酌决定。但无论采取何种措施，该措施必须与协定的规定相一致，如此，只有缔约国采取的措施才符合协定规定，因而无须承担相应责任。

第 6 款规定："一缔约方可以就本条项下产生的任何事项向另一方提出书面协商请求，另一方应在收到请求后的 30 天内对协商请求做出答复。此后，双方应开展协商并努力达成双方满意的解决方案。"该款规定了环境投资争端解决中的磋商程序，凡是第 12 条项下产生的任何争端，缔约一方均可以向另一方提出书面协商请求。换言之，该款规定的磋商程序适用于第 12 条项下产生的所有涉环境投资争端，适用范围非常广泛。实践中，涉环境投资争端一般为东道国采取环境措施影响到外资利益所引起，该款规定使得投资者母国在任何此类情形下得以向东道国提出磋商请求，为本国海外投资营造了较好的环境。而且磋商程序一旦启动，就会很快拿出争端的解决方案，因为被请求磋商的一方有义务在 30 天之内对磋商请求给出答复，并与请求方展开磋商直至找到双方满意的解决方案。由于 30 天回复期限的规定，整个磋商程序的效率得到保证，受到东道国措施影响的外国投资由此得到较好保护。

第 7 款规定了公众参与原则，该内容已在本章第二部分的第三个阶段进行了论述，在此不再赘述。

综上所述，美国 2012 年双边投资协定范本对环境的关注史无前例，不仅对环境法进行了界定，还以例外条款的形式给缔约方实施环境措施预留了一定政策空间，同时还以 1 条 7 款的相对"庞大"的内容专门对投资与环境问题进行规定，更是在程序上给涉环境投资争端设计了高效率的解决通道。这些环境条款实体上的规定确实比以往任何一个范本的环境条款更能将环境问题放到非常重要的地位，而程序上的设计使得投资者的利益得到了相当程度的维护。在平衡环境与投资之间关系方面，2012 年美国双边投资协定环境条款显然是非常出色的。

四、双边投资协定中环境条款存在的问题和不足

(一) 双边投资协定中环境条款的发展"旱涝不均"

可持续发展理念盛行的 21 世纪，环保意识已渗透到包括双边投资协定在内的方方面面，双边投资协定中规定环境条款已是大势所趋。而作为该领

域的标杆式国家——美国，其出台的双边投资协定范本中的环境条款因将环境与投资协调起来、顺应时代发展潮流，而成为其他国家谈判和签订双边投资协定环境条款的重要参考。按理说，今天的双边投资协定环境条款应该至少和美国范本中的环境条款一样完备了。但现实的情况远非如此，综观21世纪以来签订的双边国际投资协定，环境条款规定得较为完备的有之，规定得较为笼统、模糊的有之，对环境条款不加规定的也有之，双边投资协定环境条款的发展呈现出"旱涝不均"的局面。

以中国为例，2000年以来，中国重签和新签的双边投资协定共27项，①其中序言及正文条款中均没有与环境相关的文字表述的有22个；② 仅在序言中出现"环境"字样表述的有2个；③ 较为详细规定环境条款的双边投资协定有3个。④ 其中，中国与加拿大签订的双边投资协定环境条款最为具体和丰富，双方不仅在序言中"承认需要促进投资的可持续发展"，还在第33条一般例外条款第2项中规定了东道国采取环境措施的权利："只要相关措施不以武断或不合理之方式适用，或不构成对国际贸易或投资之变相限制，本协定中任何规定均不得被理解为阻止缔约方采取或维持下述措施，包括环境

---

① 数据来源：商务部条法司。

② 分别为2000年中国与伊朗签订的双边投资协定、2001年中国与尼日利亚重签的双边投资协定、2001年中国与荷兰重签的双边投资协定、2001年中国与缅甸签订的双边投资协定、2001年中国与塞浦路斯签订的双边投资协定、2003年重签的中德双边投资协定、2004年中国与突尼斯签订的双边投资协定、2005年中国与比利时一卢森堡经济联盟重签的双边投资协定、2005年中国与葡萄牙重签的双边投资协定、2005年中国与西班牙重签的双边投资协定、2005年中国与朝鲜签订的双边投资协定、2005年中国与赤道几内亚签订的双边投资协定、2005年中国与马达加斯加签订双边投资协定、2006年中国与印度签订的双边投资协定、2006年中国与俄罗斯签订的双边投资协定、2007年中国与韩国重签的双边投资协定、2007年中国与古巴重签的双边投资协定、2009年重签的中国和比利时双边投资协定、2009年中国与瑞士重签的双边投资协定、2009年中国与马耳他签订的双边投资协定、2009年与马里签订的双边投资协定、2010年重签的中法双边投资协定。

③ 分别是2002年中国与特立尼达多巴哥签订的双边投资协定和2003年中国与圭亚那签订的双边投资协定。

④ 分别是2000年中国与刚果签订的双边投资协定、2012年中国与加拿大签订的双边投资协定以及2013年中国与坦桑尼亚签订的双边投资协定。

措施：（二）保护人类、动物或植物生命或健康所必要的措施；或（三）与保护有生命或无生命的可耗尽自然资源相关的措施，如果此类措施与限制国内生产或消费的措施同时有效实施。"[1] 不过，中加双边投资协定之所以规定较为具体的环境条款，与加拿大较早开始在投资协定中关注环境问题有关。2004 年，加拿大与美国同年推出双边投资协定范本，均在序言和一般例外条款中涉及环境问题。2012 年，又是与美国同年度推出双边投资协定范本2012 版，虽然其环境条款内容不及美国丰富和详细，但也达到了比较先进的水平。加拿大与其他国家谈判和签订双边投资协定时以其范本为模板，因而其最终签订的双边投资协定中的环境条款就较为具体和细致。

可见，2000 年来中国签订的双边投资协定中，规定环境条款的协定数量极少，占比约 18.5%。中国的这种情形并非个案。实际上，除了美国和加拿大与其他国家签订的双边投资协定环境条款较为具体和丰富外，其他国家之间的双边投资协定对环境条款的规定都是非常薄弱的。凯瑟琳·戈登和约阿希姆·波尔曾对 49 个国家所签订的 1623 项国际投资协定进行研究，其中1593 项是双边投资协定，30 项是包含投资章节的双边协定。在上述所有双边国际投资协定中，仅有 133 个提及环境问题，占比 8.2%。其中，含有投资章节的 30 个双边协定均提及环境问题，而仅有 6.5% 的双边投资协定涉及环境规定。所研究的 49 个国家中 19 个国家从未在其条约中使用过"环境"语言表述。[2] 国内也有学者做了类似研究，通过对 30 个经济合作与发展组织（OECD）成员国、9 个 "OECD 国际投资与跨国公司宣言" 拥护国、15 个非 OECD 成员国所签订的 269 项双边投资协定进行分析，得出的结论是：加拿大、美国签订包含环境条款的双边投资协定数目最多，分别达到 18 个与11 个之多；传统发达国家如英国、德国、意大利等没有与他国签订环境保护

---

①参见《中华人民共和国政府和加拿大政府关于促进和相互保护投资的协定》第33 条。

②Kathryn Gordon & Joachim Pohl, 2011. "Environmental Concerns in International Investment Agreements: A Survey," OECD Working Papers on International Investment 2011/1, OECD Publishing.

内容的 BIT。[①]

从这个意义上说，双边投资协定环境条款的发展呈现出极大的不均衡性。

（二）双边投资协定中环境条款过于强调东道国的环境义务

规定具体环境问题的双边投资协定，其环境条款的规定有三种情形：在一般例外条款中规定环境问题；在"征收"条款中规定环境问题；在"投资与环境"条款中规定环境问题。

第一种情形中，比较经典的表述是："在不构成武断的、不合理的适用，且不构成对国际贸易或投资的变相限制的情况下，本协定任何规定均不得解释为阻止缔约方采取或维持以下措施：为保护人类、动物或植物的生命或健康所必需的；或与保护可耗竭的生物或非生物资源有关的。"毫无疑问，此类环境例外条款为东道国提供了较大的政策空间以解决面临的环境问题。第二种情形通常是在规定征收例外情形时，比如 2013 年中国与土耳其的双边投资协定"征收"条款的第三项就规定："除非在个别情况下，例如所采取的措施严重超过维护相应合理公共福利的必要，缔约一方采取的旨在保护公共健康、安全及环境等合法公共福利的非歧视的法律措施，不构成间接征收。"[②] 该项规定表明，如果东道国的环境措施不严重超过必要限度，就不构成征收。第三种情形以美国双边投资协定范本"投资与环境"条款最为典型，其不仅规定东道国不能为了吸引外资而降低环境标准，还规定缔约方可以就任何涉环境投资事项向另一缔约方提出书面磋商请求，实践中后一种情况通常是东道国面临来自投资母国的磋商请求。不难看出，上述三种情形均是针对东道国做出的，前两种情形实际上与东道国的环境主权有关，第三种情形给东道国施加了硬性环境义务。尽管表面看来规定的权利多于义务，深入分析就会发现：前两种权利的行使需要满足极为严格的条件，而环境义务的履行却是没有任何条件可言的。而且，产生任何涉环境投资争端，投资者母国均可以通过磋商寻求解决的方案，在此情况下东道国对于要不要采取环

---

①金学凌. 国际投资与环境保护问题研究：投资条约视角 [J]. 燕山大学学报（哲学社会科学版），2011（1）：101 - 107.

②参见《中华人民共和国政府和土耳其共和国政府关于相互促进和保护投资协定》第 5 条。

境措施，肯定要三思而后行的。就此而言，撇开环境条款本身的表述，双边投资协定环境条款更多的是强调东道国的环境义务，而非环境权利。

（三）双边投资协定环境条款没有体现出"共同但有区别的责任"原则

共同但有区别的责任原则是国际环境法的基本原则，也是解决全球环境问题特别是气候问题的基石。全球环境的退化既有历史原因，也有现实原因。前者主要是发达国家工业化进程中对环境的污染和地球资源的过度消耗，后者则是发达国家和发展中国家经济发展造成的环境污染和破坏，其中发达国家的资源使用量和污染排放量仍占全球总量的绝大部分。因而，如果让发展中国家与发达国家承担同样的环境责任，无异于让发展中国家为发达国家的环境污染行为埋单，有失公平。因此，尽管发展中国家也要承担环境责任，但发达国家需要承担更大的责任，这不仅符合谁污染谁治理原则，也体现了责任承担上的公平性。

目前的双边投资协定环境条款并没有任何体现共同但有区别的责任原则的迹象。由于发达国家对内外资普遍不加区分，既不歧视，也没有优惠政策，相互之间鲜有签订双边投资协定的情况，其双边投资协定无一例外均是与发展中国家或经济转型国家签订。① 如前所述，美国和加拿大的双边投资协定范本中，部分环境条款给东道国预留了一定的政策空间，后者实施的环境措施尽管会影响外国投资的利益，但无须承担赔偿责任。然而，发达国家签订投资协定的目的是促进和保护其海外投资，因此相关环境条款在给东道国设置一定的环境之门后，又给这扇门设计了严格的开启程序。比如《美国和卢旺达关于相互促进和保护投资的协定》第8条"履行要求"第3款C项规定："在不构成武断的、不合理的适用，且不构成对国际贸易或投资的变相限制的情况下，第1款b项、c项、f项和第2款a项、b项不得解释为阻

---

① 该结论是本书作者根据联合国贸发会议公布的资料和数据进行分析而得出。其中加拿大1989—2018年签订的45个双边投资协定、英国1975—2014年签订的110个双边投资协定、美国1982—2008年签订的47个双边投资协定、德国1962—2010年签订的155个双边投资协定、法国1963—2014年签订的115个双边投资协定、日本1977—2021年签订的36个双边投资协定、意大利1964—2009年签订的102个双边投资协定、澳大利亚1988—2019年签订的24个双边投资协定，均是与发展中国家、地区或经济转型国家签订的。

止缔约方采取或维持以下措施：为保护人类、动物或植物的生命或健康所必需的；或与保护可耗竭的生物或非生物资源有关的。"也就是说，卢旺达要想采取措施以保护境内人类和动植物生命健康或可耗竭的自然资源，必须满足非常严苛的条件：适用不能武断和不合理；不能对国际贸易和投资构成限制。如何判断适用的武断性和不合理性？相应条款并没有给出客观标准。而是否对国际贸易和国际投资构成限制，往往又与国民待遇问题纠缠在一起。如果东道国没有对内外资同时同等实施相关措施，则有违反国民待遇原则之嫌，其措施的实施就是不合法的。

如此，对于发展中国家来说要想真正发挥双边投资协定预留的政策空间的作用，实在是个不小的挑战。就连国际经贸领域打官司的高手——加拿大在面临类似的问题时都败在了美国手下，[1] 在国际经贸争端解决中蹒跚学步的发展中国家要想在这样的情况下赢得官司，需要更高的能力和智慧。这就意味着，发展中国家很难启动环境条款的按钮：环境权利的行使受到严苛限制，因为环境措施的实施不可能不损害外资的利益；环境义务必须严格遵守，任何违反行为均会招致投资者母国（基本是发达国家）的书面磋商请求。

所以，在双边投资协定对环境问题高度关注的背景下，发展中国家的利益在相当大程度上被忽视了。发达国家通过双边投资协定环境条款推行高标准的环境保护的同时，共同但有区别的责任原则没有得到应有的体现。

---

①See S. D. Myers Inc. v. Government of Canada，UNCITRAL ，Partial award ，p80.

第五章 区域环境法治与国际投资

——以北美自由贸易区为例

一、区域环境法治的蓬勃发展

（一）欧盟区域投资发展与区域环境法治

1. 欧盟区域内投资的兴起与区域环境法治的发展

《罗马条约》签订后，欧洲经济共同体启动，欧洲走上了一体化道路。自此，欧共体国家之间的直接投资不断发展起来。1992 年欧共体建立了统一大市场，区域内直接投资迅速增长。1980－1987 年，欧共体内部国家之间的投资流量年均增长了 38％，1988 年区域内直接投资流量达到 1600 亿美元，其增长速度远高于同期区域内部贸易在 80 年代年平均增长速度。① 1996－2006 年，欧盟区域内直接投资更是呈现巨幅增长。其中，2006 年达到 5300 亿美元，达到当年全球 FDI 总额的 40％。②

欧盟区域环境治理稍晚于区域投资发展。20 世纪 60 年代以来，欧盟区域内投资不断增长，同时区域环境治理意识也开始清晰起来。

首先，欧盟建立了严格的环境标准，比如 1967 年的《有关危险品的分类、包装和标签的 67/548 指令》、1970 年的《有关机动车允许噪声声级和排气系统的 70/157 指令》均在危险品处理及移动源污染问题上确立了相应标

---

① 徐林. 美国、欧共体和日本的对外直接投资格局 [J]. 经济研究参考，1993（5）：2－25.

② 邱立成，马如静，唐雪松. 欧盟区域经济一体化的投资效应研究 [J]. 南开学报（哲学社会科学版），2009（1）：1－9.

准。1982 年的《关于某些工业活动的重大危害的指令》和 1993 年《关于监督和控制废物越境运输的 259/93 号条例》均对成员国提出了一系列要求。

其次，欧盟增加了对环境项目的投资，欧洲投资银行为此在空气污染、水污染和噪声污染等项目上提供了大量贷款。

再次，欧盟强化了环境政策和环境法。1985 年的《关于评估公共和私人项目的环境影响的指令》旨在解决环境污染和破坏的预防问题。1992 年的《欧洲联盟条约》第 16 编"环境保护"的第 130r 条第二段则标志着欧盟环境法一体化原则的确立，该段明确规定，"环境保护的要求必须纳入共同体其他政策的制定与实施中"[1]。1997 年的《阿姆斯特丹条约》将可持续发展作为欧盟的根本目标，极大强化了欧盟环境政策的范围和功能。2009 年的《确立能源相关产品生态设计要求的框架》要求生产商必须保证其耗能产品符合应用要求，以降低产品的环境负面影响。2013 年 5 月 6 日，欧盟委员会通过新战略——《绿色基础设施——提高欧洲的自然资本》，以加强绿色基础设施，实现环保和经济效益的双赢。该战略主要包括四个方面：在农业、林业、区域融合、环境变化、交通、能源、防灾和土地管理等各主要政策领域贯彻"绿色基础设施"理念；加强科研和数据库管理，推动技术创新；为"绿色基础设施"项目提供融资便利；支持覆盖欧盟的"绿色基础设施"网络构建项目。[2]

2. 欧盟区域环境法治的主要内容

(1) 空气污染治理。1975 年，欧盟通过了防治空气污染的第一个法规——《汽油硫含量指令》。进入 80 年代后，欧盟不断加强空气污染立法。在环境空气质量方面，96/62/EC 空气质量框架指令囊括了现有指令的主要内容，并且对制定其他污染物环境空气质量标准的时间进行了规定。[3] 在固定源大气污染物排放方面，先后通过了关于废弃物焚烧的 75/439/EEC 指令、关于 VOCs 排放限制的 94/63/EC 指令、综合污染预防与控制的 96/61/EC 指令和关于限制大型焚烧厂空气污染物排放限值的 2001/80/EC 指令等，为不同

①参见《欧洲联盟条约》第 16 编第 130r 条。

②《对外投资合作国别（地区）指南：欧盟》（2020 年版）。

③胡必彬，孟伟. 欧盟大气环境标准体系研究 [J]. 环境科学与技术，2005 (4)：61 - 62.

空气污染物质排放浓度规定了要求。在移动源大气污染物排放方面，通过了《关于协调成员国有关采取措施以防止机动车排放物引起空气污染》的 70/220/EEC 指令、关于协调成员国柴油机动车污染控制措施的 88/77/EEC 指令、关于协调成员国非道路可移动机器气态颗粒物污染物排放控制措施的 97/68/EC 指令、关于协调成员国农用或林用柴油拖拉机污染物排放控制措施的 74/150/EEC 指令，为移动源空气污染物的排放设定了限值。在汽油和柴油质量方面，通过的 93/12/EC 指令对燃油中的硫、铅、芳香烃和苯等进行了严格的含量限制。

（2）水污染治理。欧盟水污染治理涉及质量标准、排放标准、地表水质量监测方法等。其中，在质量标准方面，饮用水源地地表水水质 75/440/EEC 指令要求成员国按照自来水厂的处理工艺将用作饮用水源水的地表水分为 3 类，并对涉及的 46 个水质指标分别规定了所需达到的指导值和限值。关于游泳水质标准的 76/160/EEC 指令、关于渔业淡水的 78/659/EEC 指令、关于贝类养殖水质标准的 79/923/EEC 指令和关于饮用水质量标准的 80/778/EEC 指令，分别对各类用水的质量标准进行了规定。在排放标准方面，保护地下水免受特殊危险物质污染的 80/68/EEC 指令禁止具有毒性、持久性和生物蓄积性污染物的直接排放，但经调查和授权后可通过浸透间接排放；有关城镇污水处理厂废水处理的 91/271/EEC 指令规定了污水处理的具体标准；有关农业面源硝酸盐污染控制的 91/676/EEC 指令规定了脆弱区的识别标准并要求成员国根据指令的规定制定行动计划。在监测方法标准方面，有关地表水质量监测方法的 79/869/EEC 指令对地表水采样、采样频率、监测和分析进行了规定。此外，污染综合防治指令要求成员国建立许可制度，以使点源污染物的排放量最小化。建立共同体水政策行动框架指令，要求成员国制定流域管理计划，保证水环境的持续改善。[1]

（3）噪声污染治理。欧盟环境噪声指令 2000/14/EC 对户外机械造成的噪声污染进行了规制，要求所涉及的 57 类产品必须达到噪声指令的要求，才可以投入市场销售和使用。其中，22 类产品的噪声排放设立了限值，必须申请欧盟噪声认证机构颁发的噪声证书。根据指令的规定，没有满足指令要

---

①胡必彬. 欧盟水环境标准体系 [J]. 环境科学研究，2005 (1)：45 - 48.

求的产品将在 2002 年 1 月 3 日后被禁止在欧盟市场销售或被召回。

（4）化学品管理。欧盟对化学品的管理采取的是预防原则的风险管理措施。20 世纪 60 年代后，欧盟加强了对化学品的管理。通过的代表性指令有 1967 年统一成员国关于危险物质分类、包装与标志的法律、法规和行政规定的 67/548/EEC 指令，1988 年统一成员国关于危险制品分类、包装与标志的法律、法规和行政规定的 88/379/EEC 指令，1979 年限制某些危险物质和制剂销售和使用的 79/831/EEC 指令，1993 年关于评估和管控现有物质风险的 93/793/EEC 指令。2006 年 12 月，欧盟通过化学品管理新法，即《化学品注册、评估、授权和限制条例》（REACH 法规），要求法规实施后的 11 年内，所有在欧盟生产或欧盟每年进口超过 1 吨的化学物质都要办理注册手续。

（5）废弃物管理。欧盟对废物的管理本着预防、回收与循环利用、加强终端处理与监控的原则进行。代表性指令有 1975 年关于废弃物管理框架的 75/442/EEC 指令，1991 年关于危险废物的 91/689/EEC 指令，1999 年关于废物填埋的 99/31/EC 指令，2000 年关于废物焚烧的 2000/76/EC 指令。此外，还有废油处置指令、包装废物指令、废弃汽车指令等多项专项法规。特别是 2003 年欧盟在《官方公报》上正式公布的关于在电子电气设备中禁止使用某些有害物质（ROHS）的 2002/95/EC 指令和关于报废电子电气设备（WEEE）的 2002/96/EC 指令，要求 2006 年 7 月 1 日以后投放到欧盟市场的电器和电子产品不得含有铅、汞、镉、六价铬、多溴联苯和多溴联苯醚等 6 种有害物质，2005 年 8 月 1 3 日以后生产商要负责回收、处理进入欧盟市场的废弃电器和电子产品，并在该日期后投放市场的电器和电子产品上加贴回收标志。

（6）森林保护。比较典型的是 995/2010 号《欧盟木材条例》。根据该条例的规定，木材生产加工销售链条上所有厂商，须向欧盟提交木材来源地、木材体积和重量、原木供应商名称和地址等证明木材来源合法性的基本资料，以改善林业经营和采伐活动、阻止非法采伐的木材进入欧盟市场。

就这样，经过多年发展，欧盟已经建立起比较完备的区域环境治理体系，该体系对欧盟区域内的各类投资活动进行规制，以实现欧盟区域投资的可持续发展。

（二）东盟区域内投资发展与区域环境法治

20 世纪 90 年代后，东盟启动区域合作进程。1998 年，东盟明确提出要将其打造成一个"投资环境更加自由和透明的具有竞争力的东盟投资区"①，东盟区域经济一体化进程进一步加快，并带动区域内资本流动的大幅增长。据统计，1997 年东南亚金融危机前，东盟区域内直接投资规模每年都在 40 亿美元以上；危机后，东盟区域内直接投资规模恢复较快，2002 年达到 35.57 亿美元。② 联合国贸发会议在《2003 年世界投资报告》中这样说："东盟区域内部投资流动仍很强劲。"③ 尽管区域内直接投资流量在总流量中占比不大，且受新冠疫情影响该流量出现下降，但东盟对自身投资一体化的未来持乐观态度："东盟仍然是充满吸引力的投资目的地。"④

东盟的区域环境治理早于其投资一体化进程。20 世纪 70 年代末 80 年代初，"东盟作为东南亚次区域组织第一个将环境议题引入地区合作，通过地区层面的集体合作与协调，形成相关的环境行动计划来解决东盟快速工业化过程中出现的环境问题"⑤。通过东盟分区环境计划（1977－1993）、东盟三个环境规划（1977－1992）和东盟环境战略行动计划（1999－2004），东盟在跨边界空气污染、自然资源保护与生物多样性、沿海和海洋环境领域取得了一定成效。2015 年东盟发布《东盟 2025：携手前行》愿景文件，将环境合作作为东盟社会文化共同体建设的重要内容之一，声明要把东盟建成"一个可持续的共同体，通过有效机制促进社会发展和环境保护，以满足人民当前和未来的需要"⑥。同年，为了支持实施该愿景，第 26 届东盟环境高级官员会议同意制定《东盟环境战略计划》，为 2016 年至 2025 年 10 年期东盟环境合作提供全面指南。该计划确定了环境合作的 7 个战略重点：自然保护与生物多样性；海岸与海洋环境；水资源管理；环境可持续的城市；气候变

①See Framework Agreement on the ASEAN Investment Area.

②李皖南. 东盟区域内直接投资的特征分析 [J]. 南洋问题研究，2006（3）：36 - 42＋72.

③UNCTAD. World Investment Report 2003：FDI policies for Development：National and International Perspectives[M] New York and Geneva：UN，2003.

④See The ASEAN Secretariat：ASEAN Investment Report 2020－2021. p4.

⑤李昕蕾. 变迁中的地区环境治理：以东盟环境合作为例 [J]. 东南亚纵横，2008（2）：28 - 32.

⑥See ASEAN 2025：Forging Ahead Together.

化；化学品与废弃物；环境教育（及可持续消费和生产），并指出：东盟环境合作致力于通过在保护生物多样性和自然资源的可持续管理、促进环境可持续城市、应对气候变化以及可持续消费和生产等方面的协调努力，为本区域的可持续发展做出贡献。① 2019 年，东盟通过治理海洋垃圾的《曼谷宣言》，誓言将共同行动以减少区域内的海洋垃圾。

东盟还成立了生物多样性保护中心，建立了大量国家级自然资源保护区、国家公园和遗传物种保护区，并与区域外国家和地区如中国、日本、欧盟等开展合作，对区域内环境合作进行补充和强化。因此，东盟区域环境治理能力大大增强，治理成效比较显著。

（三）北美区域内投资发展与区域环境法治

北美三国区域投资的制度化发展及区域环境法治是同时进行的。北美区域环境法治在立法上的最大成果就是《北美环境合作协定》。然而，《北美环境合作协定》实际上是北美区域经济合作的副产品。当初，北美三国的经济合作并不涉及环境，然而 20 世纪 70 年代就已成气候的美国环保团体此时在美国的影响已不可小觑，特别是伴随着贸易自由化而来的环境问题的持续恶化，使得美国的环保组织对经济全球化有着一种本能的抵触。区域经济一体化，在某种意义上无疑是经济全球化的重要组成部分，因而颇受环保组织的关注。他们担心，《北美自由贸易协定》会对美国的公共卫生及自然环境造成不利影响，因而千方百计地干扰和阻碍谈判的进行。在此背景下，时任总统布什不得不同意将环境问题纳入贸易谈判中，以赢得国会对《北美自由贸易协定》的支持。随后，加拿大和墨西哥也先后同意将环境问题纳入谈判议程，从而使《北美自由贸易协定》中规定了环境保护的相关条款。不过，"遗憾的是，NAFTA 并没规定成员方具体的环保义务，而仅在序言中表达了三国政府可持续发展和环境保护的意愿，并概括性规定了环境问题"②。而且，"《北美自由贸易协定》对环境保护问题的处理在一定程度上带有'一刀切'的味道，主要体现在：该协定未能充分考虑墨西哥作为发展中国家的环

①See ASEAN STRATEGIC PLAN ON ENVIRONMENT(ASPEN)2016-2025.

②王效文. 国际投资中环境保护法律问题研究：以《北美自由贸易协定》为例 [J].
北京邮电大学学报（社会科学版），2014（5）：33-39.

境现状和问题"①。在此背景下,《协定》受到环保主义者的严厉批评,于是三国政府就环境问题进行专门谈判,最终达成《北美环境合作协定》,作为对《协定》在环境保护方面的补充。

二、北美自由贸易区对环境与投资关系的协调

(一)《北美自由贸易协定》中的投资——环境条款

《北美自由贸易协定》是将投资问题与环境问题挂钩相连的立法模式的典型。② 与环境相关的条款体现在以下几个方面:

1. 序言。缔约方以保护环境的方式实施前述规定的事项;促进可持续发展;加强环境法律和法规的制定与实施。③

2. 第 1 章第 104 条:与环境保护协定的关系。《濒危野生动植物种国际贸易公约》《关于消耗臭氧层物质的蒙特利尔议定书》《控制危险废物越境转移及其处置巴塞尔公约》和附件 104.1 所列环境保护协定中的义务优先于《北美自由贸易协定》,但如果缔约一方有多种同样有效且合理可用的方式遵守环境协定中的义务,则应选择与本协定的规定冲突最小的一种方法;缔约方可以书面修改附件 104.1,以对以上所列环境协定进行补充或增加其他环境协定。④

3. 第 11 章第 1114 条:环境措施。第 11 章的任何规定都不得被解释为阻止缔约一方采取、维持或实施其认为适当的任何与该章一致的措施,以确保其境内的投资活动对环境问题保持关注;缔约方承认,放松国内健康、安全或环境措施以鼓励投资是不适当的。因此,缔约方不应放弃、减损,或试图放弃、减损此类措施以鼓励投资者在其境内建立、收购、扩张或保留投资。如果一方认为另一方实施了这种鼓励措施,它可以要求与另一方协商,双方应开展协商以避免任何此类鼓励的实施。⑤

---

①蔺运珍. 环境法治与国际贸易 [M]. 长春:吉林人民出版社,2019:49.

②刘笋. 国际投资与环境保护的法律冲突与协调:以晚近区域性投资条约及相关案例为研究对象 [J]. 现代法学,2006 (6):34 - 44.

③See North American Free Trade Agreement,Preamble.

④See North American Free Trade Agreement,Article 104.

⑤See North American Free Trade Agreement,Article 1114.

4. 第 11 章第 1106 条：履行要求。缔约方可以要求外资采用能满足健康、安全或环境要求的技术，此类措施不得被解释为与协定的规定不符；[①]若其实施不是武断的、不合理的，且不对国际贸易和投资构成变相限制，则第 1 款 b、c 项和第 3 款 a、b 项中的任何规定均不得解释为阻止任何一方采取或维持以下环境措施：为保护人类、动物或植物的生命或健康所必需的；为保护生物或非生物的可耗竭的自然资源所必需的。

5. 第 11 章第 1133 条：专家报告。仲裁庭可以根据争端一方的请求或提议，指定一名或数名专家向其报告争端一方所采取的环境、健康、安全等任何事实问题，但要遵守争端当事方的约定。

（二）《北美环境合作协定》的主要内容

《北美环境合作协定》是对《北美自由贸易协定》中的环境条款的细化和补充。

1. 北美环境合作委员会

《北美环境合作协定》设立了北美环境合作委员会，该委员会由理事会、秘书处和联合公共咨询委员会组成。

（1）理事会

理事会是委员会的管理机构，由缔约方内阁及代表组成，至少每年召开一次会议。理事会还要定期召开公开会议，除非有特殊情况，否则其所有决定和建议必须公开。

理事会是缔约方进行环境讨论的论坛，通过环境讨论促进环境合作。《北美环境合作协定》列出了 18 项与环境保护相关的政策领域，缔约方可就这些问题进行讨论并提出相应建议，比如污染技术、具体污染水平和共享环境技术等。如果缔约一方认为另一方在降低环境标准以吸引外资，那么理事会必须提供磋商并对这种降低环境标准行为进行阻止。

（2）秘书处

秘书处成员履行职责时不得受到其母国的任何影响或接受母国的任何指示。秘书处必须准备和发布经理事会审议的委员会年度报告，而且报告必须包含缔约方遵守《北美环境合作协定》的情况，包括环境执法情况。

[①]See North American Free Trade Agreement, Article 1106.

（3）联合公共咨询委员会

委员会至少每一年召开一次会议，并可就秘书处提出的技术、预算等问题向理事会咨询，还可以将自己的信息提供给秘书处。

2. 目标

该协定在序言中首先对缔约国的立场和态度进行了明确：（1）确信保护和改善各国环境、加强区域环境合作对当代和后代可持续发展的重要意义；（2）声明各国根据其环境和发展政策利用资源的主权，但该权利的行使不能对其他缔约国的环境造成损害；（3）再次重申《北美自由贸易协定》的环境宗旨和目标，包括环境的改善；（4）重申 1972 年《斯德哥尔摩人类环境宣言》和 1992 年《里约环境与发展宣言》；（5）深信建立环境合作框架，包括组建北美环境合作委员会，将在保护和改善域内环境上推动缔约国之间的有效合作。

该协定对目标进行了列举：（1）促进缔约方域内环境的保护和改善，造福今世后代；（2）通过合作和环境经济政策的相互支持促进可持续发展；（3）加强缔约方之间的合作，更好地保护和改善环境，包括野生动植物；（4）支持北美自由贸易协定的环境宗旨目标；（5）避免造成贸易扭曲或新的贸易壁垒；（6）在制定和完善环境法律、法规、程序、政策和惯例上加强合作；（7）加强环境法律、法规的遵守和执行；（8）提高制定环境法律、法规和政策的透明度和公众参与度；　（9）提高环境措施的经济有效性；（10）促进污染预防政策和实践。

3. 一般性义务

（1）各国应定期报告其环境状况、制定环境应急准备措施、促进包括环境法在内的环境教育事项、对环境影响进行适当评估，并考虑如何执行理事会根据第 10 条 5 款 b 项提出的建议。

（2）各国有权确立其国内环保水平、制定环境发展政策和优先事项、制定和修改环境法律法规，但任何一方均应确保其法律法规提供高水平的环境保护。

（3）各国应及时公布，或以其他方式提供协议所涉任何事项的一般适用的法律、法规、程序和行政裁决，使相关人员和各方能够对其加以了解。

4. 环境法的执行

（1）各国应根据第 37 条的规定，通过适当的政府行动有效地执行其环境法律法规，以达到高水平的环境保护和遵守其环境法律法规的目的。各国应确保能通过司法、准司法、行政裁决程序，对违反环境法律法规的行为进行制裁或救济。

（2）各国应确保利害关系人可要求其主管机关调查涉嫌违反其环境法律法规的行为，并依法适当考虑这一要求；确保在某一特定事项上享有法律承认的利益的人，有适当的途径通过行政、准司法或司法程序使缔约方的环境法律法规得以执行。

（3）各国应确保所规定的行政、准司法和司法程序公平、公开和公正；针对案件是非曲直以书面形式做出终裁并及时向社会公开；当事人有权依法提起复审请求，并在必要时要求更正已做出的终裁；确保审理或复审案件的仲裁庭公正、独立，对裁决结果没有任何实质利益。

（4）如果一缔约方没有持续有效地实施其环境法，其他缔约方均可以书面提出磋商请求，请求方应将请求提交其他缔约方和秘书处；除非理事会有特别规定，第三方如果认为其在争端中有实质利益，有权参加该磋商，但要向其他各方及秘书处发送参加磋商的书面通知；磋商各方应尽一切努力通过磋商达成双方满意的解决方案。

（5）如果磋商各方未能在磋商请求发出后的 60 天内或磋商方约定的其他期间内解决争端，则任何一方均可以书面请求召开理事会特别会议；理事会应在请求发出后的 20 天内召开会议，并应努力迅速解决争端；理事会可能会召集技术顾问或设立工作组或专家组，也可能采用斡旋、和解、调解等争端解决技术，协助各方达成各方都满意的争议解决方案；如果理事会认为争端更适合由磋商方都参加的另一项协议或安排来处理，则应将争端交由磋商方根据相应协议或安排寻求适当的解决方案。

（6）如果被指控行为与缔约国之间的贸易有关，且如果理事会召开会议后 60 天内仍未能解决争端，那么理事会应召开仲裁小组会议；仲裁小组应在会议召开后的 180 天内向争端方提交初裁报告，争端方对报告进行评价，仲裁小组据此对报告进行重新审议或做进一步调查，然后向争端方发送终裁报告。

（7）如果专家小组发现缔约一方没有实施其环境法律法规，则争端方可以达成一项计划以执行专家小组的建议，并将计划通知理事会和秘书处；如果争端方未能在终裁报告所载日期的 60 天内达成执行计划或申诉方认为被告在计划实施后至少 180 天内没有完全执行该计划，则任何争端方均可请求理事会重新召开专家小组会议。① 对于前者，专家小组将认定被告方提交的最后计划为执行计划。

（8）如果专家小组会议的重新召开是由于缔约方未能就执行计划达成一致意见，那么专家小组必须确定被告方是否能充分执行小组建议。如不能充分执行，专家组必须制订自己的计划，评估金钱执行的情况；如果专家组会议的重新召开是由于缔约一方被指控没有完全执行计划，那么专家组必须确定被告方是否在完全执行达成的实施计划，若不能确定，则必须对该被告方进行金钱执行的评估。

（9）如果专家组施加了金钱支付义务而缔约方没有在 180 天内予以支付，或专家组由于被告未执行其计划而对惩罚事项进行评估，则申诉方可以中止对被告方适用《北美自由贸易协定》的贸易利益，但不超过评估的数额；利益中止后，被告方可以要求重新召开专家组会议，确定被指控的瑕疵履行是否已得到支付或其是否已实施执行了实施计划；② 如果专家组发现被告已履行义务，则应在 45 天内发布报告，结束中止利益措施。

三、《北美自由贸易协定》语境下涉环境国际投资仲裁案考察

无论是双边还是多边国际投资协定，其环境条款在内容上无非三种情形：声明缔约国保持国际投资可持续发展的态度和立场；向东道国施加环境义务；赋予东道国有条件采取环境措施的权利。其中，第一种情形，因声明传达的仅是全体缔约方的态度或决心，一般不涉及缔约方的实体权利或义务，因此很难在实践中因之而产生相应争端。第二种情形，此类环境条款通常要求东道国遵守环境法律法规，不以降低环境标准为代价吸引外国投资。实践中，投资争端绝大多数是由于投资者的利益受到损害而引起的，若东道国为吸引外资而降低环境标准，其结果是损害自身环境利益，外国投资的利

---

①Daniel D. Coughlin. The North American Agreement on Environmental Cooperation: A Summary and Discussion. 2 Missouri Environmental law and Policy Review, 93 (1994): 92 - 106.

②See North American Agreement on Environmental Cooperation art. 36(4).

益不仅毫发无损，在很多时候还可能降低投资者的成本，因此也不容易产生投资争端。第三种情形涉及东道国对其环境权利的有条件行使，即东道国有权利采取环境措施，但必须满足规定的条件，以最大限度地保护投资者的利益。当东道国没有充分满足规定的条件，或即使满足了规定的条件，但因措施的行使损害了外国投资的利益，也会产生投资争端。正因如此，实践中的涉环境投资争端案基本都是由东道国采取环境措施导致的。

（一）梅赛尼斯公司诉美国案（Methanex Corp. v. United States of America）

1. 案情简介

梅赛尼斯公司是加拿大的甲醇生产商和销售商。梅赛尼斯甲醇公司和梅赛尼斯-福捷公司是梅赛尼斯在美国的投资。甲醇公司从梅赛尼斯公司购买甲醇并在北美市场销售。福捷公司是设立在路易斯安那州福捷的甲醇生产场所。案件起因于梅赛尼斯公司的甲醇利益因美国加州立法受到影响。

美国 1990 年《清洁空气法》要求在汽油中添加充氧剂以减少机动车空气污染物质的排放，甲基叔丁基醚（Methyl Tertiary - Butyl Ether, MTBE[①]）因其混合品质和易于运输的特点很快成为石油精炼厂的首选含氧剂，占据了美国 80% 以上的新配方汽油充氧剂市场。

1997 年加州通过《MTBE 公共卫生和环境保护法》，要求对 MTBE 的环境影响进行研究。加州大学的研究声称：MTBE 已经污染了该州的多个饮用水水源；建议用乙醇代替 MTBE 汽油添加剂。1999 年 3 月 25 日，加州通过了逐步淘汰 MTBE 使用的行政命令 D-5-99，要求 2002 年年底前禁止使用 MTBE。随着法案的通过和实施，其他州纷纷加以效仿。加州行政命令通过时，梅赛尼斯公司占全球甲醇生产能力的 17%，其甲醇销售量的三分之一用于燃料行业生产 MTBE。该禁令对梅赛尼斯的销售产生了极大的不利影响。在戴维斯州长发布行政命令后的十天内，梅赛尼斯公司市值损失了 1.5 亿美元。[②] 1999 年 7 月，梅赛尼斯公司通知美国其打算根据《北美自由

---

①一种有机化合物，常用作汽油添加剂。

②Kara Dougherty, Methanex v. United States: The Realignment of NAFTA Chapter 11 with Environmental Regulation, 27 Northwestern Journal of International Law and Business (2006－2007): 735－754.

贸易协定》第 11 章启动仲裁程序，以使其损失得到赔偿。

加利福尼亚州辩称，该汽油添加剂正在污染饮用水，并对人类健康、安全和环境构成重大风险，因此禁止 MTBE 是必要的。梅赛尼斯公司辩称，加州饮用水之所以存在 MTBE，是由于包括《清洁水法》在内的美国环境法监管不力和执法不严；加州禁令违反了《北美自由贸易协定》第 1110 条、第 1102 条和第 1105 条规定，因为其没有给予梅赛尼斯公司公平公正待遇，其对外国投资的歧视性措施无异于对公司投资予以征收，因此向美国索赔 9.7 亿美元的经济补偿。争端通过北美自由贸易协定仲裁制度解决，在历经 6 年的拉锯战后，仲裁庭于 2005 年 8 月 9 日发布最终裁决。仲裁庭驳回梅赛尼斯公司所有指控，并命令其支付美国的法律费用和仲裁费用约 400 万美元。

2. 争议焦点

（1）加州的措施是否违反了 NAFTA 第 1102 条的规定

1102 条是关于国民待遇的规定，要求缔约方应在相似情况下，就投资的建立、并购、扩张、管理、经营、销售等给予另一缔约方投资者不低于其给予其本国投资者的待遇。

梅赛尼斯公司声称，加州禁令显然拒绝包括梅赛尼斯公司在内的外国投资者在相似的情况下获得其给予美国国内乙醇投资者的最优待遇。首先，关于"相似情况"，Methanex 认为，第 1102 条并不要求投资相同，只要两个投资者或其投资就同一业务存在竞争关系，他们就处于"相似情况"。而 Methanex 及其他甲醇生产商与美国国内乙醇生产商都生产用于制造新配方汽油的含氧化合物，二者在含氧化合物市场上存在竞争关系，即消费者在购买甲醇和购买乙醇之间有一个二元选择。因此，二者属于"相似情形"。其次，关于最优待遇，Methanex 声称，根据第 1102 条第 3 款，它有权在类似情况下享有不低于其给予国内投资者及其投资的最优惠待遇的待遇。尽管美国的措施也会对国内部分甲醇生产商及其投资造成歧视，但这并不是美国违反第 1102 条的借口。①

---

①Methanex Corporation v. United States of America, UNCITRAL. Final Award of the Tribunal on Jurisdiction and Merits. Part Ⅳ — Chapter B Para. 3 - 8.

美国辩称，甲醇和乙醇在化学上不同，二者的最终用途不同。只有乙醇是汽油的氧化添加剂，而甲醇是生产 MTBE 的原料，然后 MTBE 用作汽油的充氧剂。而且根据协调关税制度，这两种产品在关税分类中也处于不同类别。另外，这两类产品之间不存在竞争关系，就二元选择而言，也是在 MTBE 和其他合法可行的含氧化合物之间进行选择。因此，对消费者消费倾向的调查结果与本案无关。美国已给予 Methanex 国民待遇，且后者未能证明其获得了较不优惠的待遇。

仲裁庭指出，Methanex 要想使其根据第 1102 条第 3 款提出的索赔成立，必须证明加州打算通过歧视外国投资者来偏袒国内投资者，且它和受到偏袒的国内投资者处于类似情形。事实上，加州禁令没有对外国投资者和投资与加州各种 MTBE 生产商以及美国甲醇原料生产商进行区分。禁令并没有为美国国内投资者及其投资提供优惠待遇，因此 Methanex 享受的待遇并不比美国国内投资者差，禁令对美国投资者和投资与对 Methanex 的影响完全相同。故此，Methanex 援引第 1102 条第 3 款提出的索赔不成立。①

（2）加州的措施是否违反了 NAFTA 第 1105 条的规定

第 1105 条要求缔约一方根据国际法给予另一缔约方投资者的投资公平、公正待遇以及充分保护和安全；缔约一方就武装冲突或内乱所遭受的投资损失采取措施时，给予外国投资者及其投资非歧视性待遇。

梅赛尼斯公司声称，根据 NAFTA 第 1105 条，加利福尼亚州的环境措施旨在歧视外国投资者及其投资，这种有意歧视行为不公平、不公正，是典型的经济保护主义。加利福尼亚州禁止 MTBE 和甲醇并突然引入乙醇的行为是武断的、非常不公平的、不公正的和特殊的，因为这是在迎合美国国内乙醇产业。这些行为具有歧视性，因为他们歧视外资投资，例如梅赛尼斯公司的投资。②

美国辩称，不能接受梅赛尼斯公司根据 1105 条第 1 款提出的索赔，因为该公司未能确定该款中规定的习惯国际法待遇标准；一项措施只有在不给

---

①Methanex Corporation v. United States of America, UNCITRAL. Final Award of the Tribunal on Jurisdiction and Merits. . Part Ⅳ — Chapter B Para. 11 - 38.

②Methanex Corporation v. United States of America, UNCITRAL. Statement of Claim. Para. 29 - 38.

予"国际法规定的待遇"情况下，才可能违反第 1105（1）条，即"最低待遇标准"，而加州措施不涉及习惯国际法的标准；梅赛尼斯公司质疑加州禁令的立法程序，声称这些措施"武断"，"远远超出了保护任何合法公共利益的必要范围"，这些指控缺乏事实根据。而且，该公司的申诉并没有涉及第 1105 条第 1 款规定的习惯国际法标准，习惯国际法对各国采取行政或立法措施的程序没有施加任何限制，因此梅赛尼斯公司针对加州措施的发布过程的质疑是错误的。尽管习惯国际法确实对立法和行政措施施加了一定实质性限制，但没有一项习惯国际法标准要求各国只能通过梅赛尼斯公司所称的"好的"立法或法令。因此，由于梅赛尼斯公司未能明确加州措施所涉及的习惯国际法的实质性标准，其根据 1105 条第 1 款提出的申诉不能接受。①

仲裁庭指出：1105 条第 1 款并没有提及歧视性待遇问题；1105 条第 2 款提及了歧视性待遇问题，但明确规定此类其实并不属于第 1 款规定的情形。该款禁止缔约方就武装冲突或内乱所遭受的投资损失采取措施时在本国人和外国人间存在歧视，并强调在其他任何情况下，第 1 款并不禁止在本国人和外国人之间存在差别待遇，该差别待遇在法律上具有歧视性。据此，仲裁庭裁定梅赛尼斯公司根据《北美自由贸易协定》第 1105 条提出的索赔不成立。

（3）加州的措施是否违反了 NAFTA 第 1110 条的规定

该条规定，缔约一方不得对境内另一缔约方投资者的投资采取直接、间接收归国有或征用，或相当于收归国有或征用的措施，但以下情况除外：为公共目的；在不歧视的基础上；根据正当法律程序和第 1105 条第 1 款进行；按规定条件支付赔偿。

梅赛尼斯公司声称，加州明显带有歧视性的措施将其投资，包括在加州以及整个美国充氧剂市场上的市场份额转移给了国内乙醇行业；按照第 1110 条的明文规定，这种措施至少等同于征用。

美国辩称，加州的行为不构成征用。首先，梅赛尼斯公司质疑的加州禁令不具有征用的任何指标，加州并未对该公司在美的投资采取任何国有化或

---

① Methanex Corporation v. United States of America, UNCITRAL. Statement of Defence. Para. 139 – 142.

征用措施，也未曾对其投资的使用予以干涉，因此不存在直接征收行为。其次，加州也没有采取任何措施没收梅赛尼斯公司在美国的两个子公司的"业务"，即便其"业务"可以解释为 NAFTA 第11章中的"投资"，所谓的征收行为并未妨碍该公司对其投资进行使用、享受和处置，其产权并没有被剥夺。因此，加州的措施并不构成征收行为。而且，争议措施是为了保护公众饮用水供应，是为了保护公共健康而采取的环境措施。根据习惯国际法，各国不对保护公共健康的非歧视行为所造成的经济损失承担责任。另外，MT-BE 生产商的运营环境受到严格监管，将来其产品还可能受到监管，这是必然的风险。事实上，梅赛尼斯公司在含 MTBE 汽油市场上所占的份额得益于美国《清洁空气法》对空气质量的规制，由此，它不应该不合理地预期美国不再对 MTBE 进行规制或禁止。①

仲裁庭指出：梅赛尼斯公司根据第1110条第1款提出的申诉并不是指控加州措施为国有化或征收，而是该措施等同于征收，因此梅赛尼斯公司要证明的是：根据第1110条第1款，加州禁令等同于征收。事实上，梅赛尼斯公司认为针对外国投资者进行故意歧视性规制是构成征收的关键性因素，这种观点是正确的。然而，根据一般国际法，基于公共目的的非歧视性规制，如果是根据正当程序制定，那么虽然影响了外国投资或外国投资者的利益，也不应被视为具有征用性和可补偿性，除非监管政府已向外国投资者承诺它不会进行此类管制。但在本案中，加州并未向梅赛尼斯公司做出任何承诺。由于加州禁令是为公共目的而制定的，是非歧视性的，并且通过正当程序完成，因此该禁令是合法的监管而不是征收。梅赛尼斯公司根据第1110条第1款提出的核心主张不成立。②

3. 简评

该案中，仲裁庭在裁定加州禁令是否构成征收措施时，更多地考虑了该环境措施的公共目的性、非歧视性和程序正当性。符合上述条件的东道国环境措施即便对外国投资者及其投资的利益有不利影响，也不应视为征收措

---

①Methanex Corporation v. United States of America, UNCITRAL. Statement of Defence. Para. 143 - 156.

②Methanex Corporation v. United States of America, UNCITRAL. Final Award of the Tribunal on Jurisdiction and Merits. Part Ⅳ — Chapter D. para. 6 - 18.

施，因而东道国无须承担相应国际责任。同时，东道国在实施环境措施时，如果没有对内外资进行区别对待，没有给予本国投资特别优待，则东道国不因其影响外国投资者利益而违反国民待遇原则。本案表明，只要东道国的环境措施实施得当，完全可以实现环境保护与吸引外资的双赢局面。

（二）S.D. 迈尔斯公司（SDMI）诉加拿大案（S. D. Myers v. Government of Canada）

1. 申诉人

S.D. 迈尔斯公司是一家在美国俄亥俄州注册成立的公司，由迈尔斯家族成员拥有和控制，从事多氯联苯（PCB）废料的运输、加工和处置。其中，废料加工是在俄亥俄州托梅奇的处理设施进行。迈尔斯家族成员还拥有并控制一家在加拿大注册成立的公司——"迈尔斯加拿大"，通过该公司获取加拿大的 PCB 废料，并由 SDMI 在其位于美国的工厂进行处理。

2. 案情简介

多氯联苯是一种用于电气设备的合成化学品，有剧毒、生物降解缓慢。自 20 世纪 70 年代初以来，对多氯联苯的国际管制越来越严格。1980 年，美国关闭多氯联苯废料跨境运输边境通道。1995 年 10 月，美国又允许 S. D. 迈尔斯公司从加拿大进口多氯联苯废料，不过同年 11 月，加拿大发布命令禁止向美国出口多氯联苯废料，这导致 SDMI 及其在加拿大的子公司无法开展多氯联苯废料业务。该项禁令实施了大约 16 个月。1998 年 10 月 30 日，SDMI 根据 NAFTA 第 11 章提出索赔，声称加拿大违反了 NAFTA 第 1102 条、1105 条、1106 条和 1110 条义务，并因此给自己造成损失：加拿大在 1995 年至 1997 年对 PCB 废料的出口禁令极大削弱了其在加拿大的业务，导致投资遭受重大经济损失；加拿大出口禁令背后的动机不是保护人类和环境健康，而是为了保护加拿大的多氯联苯产业免受 SDMI 的竞争威胁。2002 年 10 月 22 日，仲裁庭裁决加拿大向 SDMI 支付 605 万美元，补偿 SDMI 因加拿大出口禁令所遭受的经济损失，另外还有包括利息在内的 85 万美元的费用。

3. 争议焦点

（1）国民待遇问题：NAFTA 第 1102 条

SDMI 认为，根据第 1102 条第 2 款的规定，同等情况下，加拿大必须给予境内其他缔约方投资者的投资在建立、并购、扩张、管理、经营等方面与加拿大投资者相同的待遇，该国民待遇确保了加拿大境内的外国投资者和本国投资者待遇平等、无任何歧视。但加拿大的多氯联苯废料出口临时命令和最终命令构成了针对 SDMI 及其在加拿大投资的变相歧视，违反了 NAFTA 第 1102 条规定的国民待遇义务。因为，加拿大的临时命令禁止向美国出口供加工的多氯联苯废料，这对打算到加拿大从事此类业务的美国废弃物处置公司构成了歧视。这样，加拿大不允许境内的美国废弃物处置公司以与加拿大公司同样的方式开展业务，从而给予加拿大废弃物处置公司更好的待遇。就此而言，加拿大采取的措施是武断的、歧视性的。[1]

　　加拿大辩称，其措施与 NAFTA 第 1102 条相符，临时命令既非变相，也非歧视，其适用对意欲向美国出口多氯联苯废料的投资者一视同仁，尤其不涉及国籍问题。SDMI 享受的待遇并不比同样情况下加拿大的投资者少；SDMI 及其在加拿大的任何投资的运营模式与加拿大多氯联苯废料处置公司一样，临时命令有效期内，加拿大公司和外国公司均不得向美国出口加拿大的多氯联苯废料，因此外国投资者和本国投资者的待遇完全相同。事实上，SDMI 与加拿大多氯联苯废料处置公司并非处在"相似情形下"，因为加拿大境内的 SDMI 及其投资从事的业务是安排多氯联苯废料出口到美国以供处置，加拿大公司的业务则是在加拿大境内处置多氯联苯废料。如果 SDMI 在加拿大拥有多氯联苯废料处理设施，则其与加拿大投资者从事的活动"情形相似"，但此种情况下它将享受国民待遇，即与加拿大公司一样要遵守临时命令。[2]

　　仲裁庭认为，从商业角度看，SDMI 在加拿大的投资与加拿大本国运营商处在"相似情形"下，由于可以提供更优惠的价格并拥有丰富的经验和信誉，SDMI 能够吸引那些原本可能会转向加拿大运营商的客户。正因如此，

---

①In a NAFTA Arbitration under the UNCITRAL Arbitration Rules, S. D. Myers, Inc. (Claimant) and Government of Canada (Respondent), Claimant's Statement of Claim. para. 35 - 39.

②In a NAFTA Arbitration under the UNCITRAL Arbitration Rules, S. D. Myers, Inc. (Claimant) and Government of Canada (Respondent), Respondent's Statement of Defence. para. 41 - 43.

当美国开放多氯联苯废料跨境运输边境时，加拿大的运营商才游说其环境部长禁止多氯联苯废料出口，以防止 SDMI 在加拿大的投资从其手中抢走业务。仲裁庭指出，在评估一项措施是否违反国民待遇标准时，应考虑到下列因素：该措施的实施是否为本国国民创造的利益多于非本国国民；该措施表面上是否更有利于本国国民。另外，实施措施的意图固然重要，但不是一措施是否构成保护主义的决定性因素。如果一措施并未对非本国国民产生不利影响，则该国意图为本国国民提供优于非本国国民的待遇就不会导致对NAFTA 第 1102 条的违反。"待遇"一词意味着需要产生违反第 1102 条的实际影响，而不仅仅是违反第 11 章的动机或意图。加拿大意图保持其国内多氯联苯废料处理能力的目标与《巴塞尔公约》的政策目标一致；它可以采用很多合法方法实现其目标，但通过使用禁令阻止 SDMI 将多氯联苯废料出口到美国进行处理却违背了其在《北美自由贸易协定》中做出的承诺。据此，仲裁庭认定加拿大的措施违反了 NAFTA 第 1102 条。①

（2）最低待遇标准问题：NAFTA 第 1105 条

SDMI 指出，根据第 1105 条的规定，加拿大给外国投资和投资者提供的待遇必须符合国际法的规定，包括公平、公正待遇。因此，该条将国际法上的正当程序、经济权利、诚信义务和自然正义都引入了 NAFTA，而加拿大在制定、通过和实施多氯联苯废料出口禁令的过程中并没有根据国际法给予外国投资者和投资相应的待遇，而是对国际法下正义的否定和诚信的违反。②

加拿大辩称，SDMI 没有证据证明加拿大未能根据国际法给予其相应待遇。临时命令是根据《加拿大环境保护法》及规定的程序善意制定的，能满足国内立法的所有要求，SDMI 并未对立法要求本身的充分性提出任何质疑；临时命令的颁布和实施对加拿大所有人一视同仁，不存在任何歧视和不公；加拿大没有阻断 SDMI 的司法救济途径，后者与处于同样状况的其他人一样可以寻求同样的国内行政救济，但 SDMI 并没有就司法歧视、不公及缺

---

①In a NAFTA Arbitration under the UNCITRAL Arbitration Rules, S. D. Myers, Inc. (Claimant) and Government of Canada(Respondent), Partial Award. para. 238 – 257.

②In a NAFTA Arbitration under the UNCITRAL Arbitration Rules, S. D. Myers, Inc. (Claimant) and Government of Canada(Respondent), Claimant's Statement of Claim. para. 40 – 42.

乏善意寻求国内救济。①

仲裁庭认为，只有当证明投资者受到的不公正或武断的待遇达到了国际法不能接受的程度时，才会发生违反第 1105 条的情况。虽然东道国违反国际法规则不一定是判断外国投资者被剥夺"公平和公正待遇"的决定性因素，但如果东道国违反的国际法规则是专门为保护投资者而制定的，则更利于认定东道国违反了第 1105 条。另外，仲裁庭不排除这样一种可能性，即在某些情况下，违反 NAFTA 的国民待遇条款并不一定会违反最低标准条款，但仲裁庭的多数意见认为，根据本案的事实，违反第 1102 条实质上也构成违反第 1105 条。因此，仲裁庭以多数票裁定，加拿大的出口禁令违反了 NAFTA 第 1105 条。②

（3）履行要求问题：NAFTA 第 1106 条

SDMI 指出，根据第 1106 条第 1 款的规定，NAFTA 缔约方不可对外国投资者的投资在建立、并购、扩张、管理、经营等方面提出要求或要求做出承诺；第 1106 条第 1 款 b 项规定 NAFTA 成员方不能要求外国投资者在其产品或服务中要包含国内成分；第 1106 条第 1 款 c 项规定 NAFTA 成员方不能要求外国投资者要给予原产于本国的产品或服务任何优惠待遇，不能要求外国投资者获得或使用原产于本国的产品或服务。多氯联苯废料出口禁令的实施实际上是要求外国投资者在加拿大境内处置多氯联苯废料，这就是履行要求，要求多氯联苯废料处置者给予加拿大的货物或服务优先权，并使国内含量达到一定水平。另外，加拿大的措施影响了多氯联苯废料出口商的业务运营，其实施是武断的、不合理的，是对国际贸易和投资的变相限制。③

加拿大辩称，加拿大并没有为使国内含量达到特定水平而对投资提出要

---

①In a NAFTA Arbitration under the UNCITRAL Arbitration Rules, S. D. Myers, Inc. (Claimant) and Government of Canada (Respondent), Respondent's Statement of Defence. para. 44－48.

②In a NAFTA Arbitration under the UNCITRAL Arbitration Rules, S. D. Myers, Inc. (Claimant) and Government of Canada (Respondent), Partial Award. para. 258－269.

③In a NAFTA Arbitration under the UNCITRAL Arbitration Rules, S. D. Myers, Inc. (Claimant) and Government of Canada (Respondent), Claimant's Statement of Claim. Para. 43－47.

求，临时命令根本没有要求 SDMI 国内含量达到特定要求，没有要求 SDMI 在加拿大承担任何义务；临时命令也没有要求加拿大境内 SDMI 的投资对在加拿大生产的产品或提供的服务进行购买、使用或给予优惠待遇，该命令仅是一个出口禁令，并不施加任何要求或义务。即便临时命令提出的履行要求为法律所禁止，它仍然具有合理性，因为作为一种环境措施，该命令至少能满足第 1106 条第 6 款的一种例外情形：为确保遵守东道国国内法和国际义务所必需；为保护人类、动植物生命和健康所必需；为保护可耗竭的生物和非生物自然资源所必需。临时命令的实施既不武断，也非不公，且不构成对国际贸易和投资的变相限制。加拿大有必要通过临时命令履行《巴塞尔公约》义务，以确保其对多氯联苯废料的管理对环境无害，确保美国境内的多氯联苯废料处置程序在对环境的影响上不低于《巴塞尔公约》的要求。①

仲裁庭多数意见认为，就临时命令的实质和效果以及第 1106 条的字面措辞而言，加拿大并没有对 SDMI 施加第 1106 条规定的"要求"，因此加拿大的出口禁令不构成履行要求。②

（4）征收问题：NAFTA 第 1110 条

SDMI 辩称，多氯联苯废料出口禁令的实施剥夺了投资者在加拿大的投资利益，该措施等同于征收。NAFTA 第 1110 条并未给"征收"一词下定义，但其目的是保护投资免受直接和间接征收措施的影响，这些措施扩展到"等同于征收的措施"。根据国际法，征收是指利用政府权威否定财产利益的行为。NAFTA 第 1110 条并不阻止政府采取规制行动，只不过要求政府对投资者进行补偿。然而，加拿大政府并没有为其征收行为向投资者支付任何赔偿，因此违反了第 1110 条的规定。③

---

①In a NAFTA Arbitration under the UNCITRAL Arbitration Rules, S. D. Myers, Inc. (Claimant)and Government of Canada(Respondent), Respondent's Statement of Defence. 49 - 53.

②In a NAFTA Arbitration under the UNCITRAL Arbitration Rules, S. D. Myers, Inc. (Claimant)and Government of Canada(Respondent), Partial Award. para. 270 - 278.

③In a NAFTA Arbitration under the UNCITRAL Arbitration Rules, S. D. Myers, Inc. (Claimant)and Government of Canada(Respondent), Claimant's Statement of Claim. Para. 48 - 55.

加拿大辩称，临时命令是其根据国际法对主权的适当行使，是根据加拿大的国际义务以及 NAFTA 第 1101 条第 4 款和第 1114 条，为了保护环境、公共健康和安全而采取的规制行动，因此具有不可补偿性；临时命令的目标完全符合《巴塞尔公约》的国际标准，为达目的而采取的手段——出口禁令，同样符合《巴塞尔公约》的规定。因此，加拿大并没有违反 NAFTA 第 1110 条的规定，对 SDMI 在加拿大的投资进行直接或间接征收或采取任何等同于征收的措施。另外，临时命令临时性禁止向美国出口加拿大的多氯联苯废料，命令本身并没有直接或间接取得 SDMI 在加拿大的任何财产，SDMI 没有任何证据证明其在加拿大的任何财产因临时命令而被剥夺。多氯联苯废料因其极高的危险性而受到政府的严厉管控，该类物质的出口须经出口国的许可和同意，SDMI 完全清楚加拿大未履行国际义务不会允许出口其境内的多氯联苯废料，因此期望在此情况下出口加拿大的多氯联苯废料是不合理的。①

仲裁庭指出，第 1110 条"征收"一词的解释必须对国际法案例中的国家实践、条约和司法解释等因素进行综合考虑。一般来说，"征收"意味着政府机构对个人财产的剥夺，使得个人财产权转移到其他人手中。征收会涉及财产所有权的剥夺，但法规很少会干涉财产所有权。本案中，加拿大禁令导致的边境关闭是临时性的，SDMI 进军加拿大市场的计划因此被推迟了大约 18 个月。SDMI 声称该推迟削弱了其竞争优势，这对评估加拿大因违反第 1102 条和第 1105 条进行的赔偿有重要意义，但并不能因此将加拿大的措施定性为第 1110 条规定的征收。加拿大的禁令遏制了 SDMI 在加拿大的投资计划，但仅是一段时间，加拿大也并没有因此措施而实现任何利益，且证据也并不支持 SDMI 的财产或利益转移到了其他人手中。据此，仲裁庭认定加拿大的措施不构成征收。②

---

①In a NAFTA Arbitration under the UNCITRAL Arbitration Rules, S. D. Myers, Inc. (Claimant) and Government of Canada(Respondent), Respondent's Statement of Defence. para. 54 – 60.

②In a NAFTA Arbitration under the UNCITRAL Arbitration Rules, S. D. Myers, Inc. (Claimant) and Government of Canada(Respondent), Partial Award. para. 279 – 288.

4. 简评

本案中，仲裁庭之所以没有将加拿大的出口禁令认定为征收措施，是由于该禁令对外国投资的阻碍仅持续了 18 个月，不仅加拿大没有因措施的实施而得到利益，也没有证据表明 SDMI 的财产或利益转移到了其他人手中。同时，尽管加拿大一再强调其出口禁令对国内外投资一视同仁、目的与《巴塞尔公约》一致、制定的程序正当，且没有对外国投资提出任何履行要求，仲裁庭仍然裁定加拿大的措施违反了 NAFTA 第 1102 条、1105 条、1106 条的规定。实际上，"单就加拿大政府的行为来看，我们很难明确地将其认定为是为了维持其国内厂商的垄断地位而故意做出的歧视性行为"①。然而一旦涉及外国投资者利益受损问题，环境与投资的天平无疑更容易向投资一端倾斜。就此而言，实现环境保护与国际投资的协调发展，还有很长的路要走。

（三）迈特克莱德公司诉墨西哥案（Metalclad vs Mexico）

1. 案情简介

该案件申诉人是美国的迈特克莱德公司，被申诉人为墨西哥政府。案件起因于墨西哥政府对 Metalclad 在其境内的子公司科特林给予了不当待遇。1993 年 1 月，墨西哥国家生态研究所向本国公司科特林颁发了联邦许可证，允许其在墨西哥圣路易斯波托西州瓜达尔卡扎尔市的拉佩德雷拉山谷建造危险废物填埋场。此后不久，Metalclad 签订了收购科特林公司及其许可证的期权协议以建造和运营该设施。1993 年 5 月，圣路易斯波托西州向科特林颁发了垃圾填埋场土地使用许可证。国家生态研究所和墨西哥城市发展和生态秘书处都告诉 Metalclad，除了联邦运营许可证外，科特林公司已获得该设施所需要的所有许可证。1993 年 8 月，国家生态研究所颁发了垃圾填埋场联邦运营许可证，此后 Metalclad 行使了购买科特林公司的选择权。1994 年 5 月，Metalclad 开始建造垃圾填埋场。施工开始 5 个月后，瓜达尔卡扎尔市以未获得市政建设许可证为由下令停止施工。Metalclad 申请了市政建设许可证，同时完成了垃圾填埋场的建设。但 13 个月后市政建设许可申请被瓜达尔卡扎尔市议会否决，而 Metalclad 也没有获得参与该过程的机会。1997

---

①陶奕. 投资保护与环境保护的冲突——在 NAFTA 体系内的探讨 [J]. 和田师范专科学校学报（汉文综合版），2007（6）：46-47.

年9月，圣路易斯波托西州颁布一项生态法令，建立自然保护区，而垃圾填埋场也在保护区范围内，垃圾填埋场的运营据此被阻止。因而，建造的垃圾填埋场从未投入使用。Metalclad声称，墨西哥通过其地方政府干预了危险废物填埋场的开发和运营，违反了北美自由贸易协定第11章第1105条关于最低处理标准的规定和第1110条关于征收的规定。据此，Metalclad向墨西哥提出索赔。

2. 仲裁庭的裁决

（1）墨西哥要为其地方政府的行为承担国际责任

仲裁庭指出，墨西哥在听证会后提交的文件表明：墨西哥并未辩称其地方政府的行为不受北美自由贸易协定的涵盖；墨西哥对所有地方政府国家机关的行为承担国际责任。墨西哥的态度与NAFTA第105条的规定相一致，即缔约方必须确保采取一切必要措施以实施该协议的规定，包括州和省政府对协定的遵守。NAFTA第1108条第1款规定第1105条和第1110条要求的豁免不适用于州或地方政府。上述情形与习惯国际法完全一致，且联合国国际法委员会1975年通过的国家责任条款草案第10条中也有明确表述：国家机关、政府实体或有权行使政府权力的实体，在以该身份行事时，其行为应被视为国际法下的国家行为，即使该机关根据国内法超出其权限或违反有关其活动的指示，亦是如此。因此，墨西哥要为圣路易斯波托西州和瓜达尔卡扎尔市的行为承担国际责任。[1]

（2）墨西哥违反了NAFTA第1105条

仲裁庭指出，NAFTA第102条的第1款规定NAFTA的基本目标是促进和增加跨境投资，并确保投资的成功实施。为此，一缔约方与投资相关的所有法律上的要求均应"透明"，即为另一缔约方可能受其影响的投资者所了解，不应有任何疑问或不确定性。若任何一方中央政府意识到在透明性方面存在任何误解或混淆的可能性，他们有责任迅速确定情况并予以说明。当Metalclad在购买科特林公司之前询问市政许可的必要性时，联邦官员保证该公司已拥有进行垃圾填埋场项目所需的一切许可。因此，除了上述许可证

---

[1] Metalclad Corporation v. The United Mexican States, ICSID Case No. ARB(AF)/97/1. Award. Para. 73.

外，是否还需要市政许可证才能建造危险废物填埋场成为本案的核心问题。Metalclad 声称，联邦官员告诉他，如果他提交了市政建设许可证的申请，市政府将会颁发许可，因为他没有拒绝颁发该许可证的法律依据。而对是否需要市政建设许可证并没有明确规定，且拒绝施工许可的市政会议，Metalclad 既没有收到通知，也没有收到邀请，更没有机会出席该市政议会。这些做法表明，墨西哥未能给 Metalclad 的业务规划和投资提供一个透明和可预测的环境。

墨西哥辩称，根据宪法和法律，市政府有权颁发施工许可证。然而，证据表明墨西哥联邦对危险废物评估的管辖权是决定性的，市政当局仅是在建设方面提供适当参考意见。本案中，在涉及危险废物处置填埋场的事项上，市政当局基于环境原因拒绝颁发许可是不恰当的。

据此，仲裁庭认定，墨西哥没有根据国际法给予 Metalclad 的投资公平公正待遇，违反了 NAFTA 第 1105 条第 1 款的规定。①

（3）墨西哥违反了第 1110 条

仲裁庭指出，NAFTA 第 1110 条规定的"征收"不仅包括有利于东道国的所有权直接扣押或强制性转让等公开和蓄意的财产占有，还包括对财产的使用进行秘密或偶然干预，剥夺所有者全部或大部分财产的使用权或合理预期的经济利益，即使不一定有利于东道国的利益。仲裁庭认为，危险废物填埋场选址和许可的专属权力属于墨西哥联邦政府。市政府拒绝施工许可证的部分原因是其认为危险废物填埋场对环境产生不利影响和填埋场的地质不适宜危险废物填埋。显然，市政府的行为超出了权限，加之在拒绝施工许可时缺乏及时、有序或实质性的依据，因此其措施构成间接征收。另外，圣路易斯波托西州的生态法令将垃圾填埋场纳入生态保护区，具有永久禁止垃圾填埋场运营的效果，同样构成等同于征收的行为。据此，墨西哥违反了第 1110 条。墨西哥试图援引《生态法令》证明地方政府行为的合法性：第 9 条禁止任何不符合生态法案管理方案的工作；第 5 条将管理方案定义为判断仙人掌保护区的生态问题并确保其生态保护；第 14 条禁止任何可能涉及向保

---

①Metalclad Corporation v. The United Mexican States，ICSID Case No. ARB(AF)/97/1. Award. Para. 74 - 101.

护区土壤、底土、流水或蓄水池排放污染物的行为，并禁止从事任何可能造成污染的活动；第 15 条禁止任何需要许可证或执照的活动，除非此类活动与自然资源的勘探、开采或利用有关。然而，墨西哥的陈述没有说服仲裁庭。仲裁庭认定，墨西哥间接征收了 Metalclad 的投资，并且没有向 Metalclad 提供征收补偿，违反了 NAFTA 第 1110 条的规定。①

3. 简评

本案中，仲裁庭对墨西哥的环境规制权几乎未加任何考虑，即便墨西哥援引其生态法令以证明地方政府措施的合法性，但丝毫未能说服仲裁庭。显然，仲裁庭考虑更多的是外国投资者的经济利益，正是由于墨西哥地方当局的环境措施阻碍了外国投资的运营，仲裁庭直接将措施本身认定为相当于征收的行为。在一定意义上，这种仅强调外资利益、忽视东道国环境规制权的做法失之偏颇，也与 NAFTA 关于东道国环境权的规定不相符。在可持续发展理念不断深入的背景下，该裁决给东道国，尤其是发展中东道国环境规制权的行使一个极大的下马威，使得环境措施在出台与实施的过程中面临诸多不确定因素。

四、《美墨加协议》（USMCA）背景下区域投资法制与环境保护发展趋势

(一)《美墨加协议》中的环境条款

USMCA 通过设立单独的环境章节对 NAFTA 环境条款进行重大修改和补充，使环境条款得到进一步强化和升级：缔约方的核心义务是保持高水平的环境保护和强力的环境治理，包括承诺执行环境法，促进透明度、责任制和公众参与；美加墨三国签订的《环境合作协议》保留了环境合作委员会及秘书处，使得环境投资争端的解决效率得以保持。

1. 一般性规定：第 1－7 条②

第 1－7 条概括了缔约方进行环境保护并确立国内程序的规则。其中，第 2 条明确了协议的目标，包括促进高水平的环境保护和环境法的有效实

---

① Metalclad Corporation v. The United Mexican States, ICSID Case No. ARB(AF)/97/1. Award. Para. 102 - 112.

② See The United States－Mexico－Canada Agreement(USMCA), Chapter 24. Article 1 - 7.

施，促进可持续发展、加强环境治理并助力缔约方参加的国际环境协定的履行。第 3 条肯定了缔约方的环境主权，规定各国有权确立自己的国内环境保护水平和环境优先事项，并据此制定、通过和修改其环境法律和政策。不过，为了区域内环境质量的总体提高，该条还要求缔约方尽力确保其环境法律和政策规定，并鼓励高水平的环境保护，且应努力继续提高各自的环境保护水平。第 4 条明确了缔约国实施环境法的义务，规定任何缔约方均不得通过持续或反复的作为或不作为而导致环境法未得到有效实施。同时，缔约方保留就以下事项行使酌处权和做出决定的权利：调查、起诉、监管及合规事项；与具有较高优先等级的其他环境法相关的环境执法资源的分配。但缔约方不能通过削弱或降低国内环境法规定的保护标准来鼓励贸易或投资。显然，该条为缔约方实施国内环境法确立了硬杠，即不得通过某种方式拒绝有效实施其国内环境法，不得降低国内环境保护标准以促进对外贸易和吸引投资。第 5 条对公众参与原则进行了规定，包括三个方面：一是缔约方应确保其环境法律和政策，包括其执行和遵守程序，为公众所知晓；二是缔约方应确保其境内人员就 USMCA 环境章节的执行提出的书面问题和意见得到及时回应；三是缔约方应利用现有的或建立新的协商机制，就 USMCA 环境章节的执行问题征求意见。"这看起来是一条并不复杂的规定，但考虑到环境章节所涉及的问题的广泛性，实际上等于赋予公众对于环境章节下各议题履行的监督权和建议权。"① 第 6 条规定了确保环境法得以实施的程序性事项：缔约方应确保利害关系人能够请求该缔约方主管当局调查涉嫌违反环境法事宜；缔约方应确保在特定事项中有公认利益的人能够适当参与行政、准司法或司法程序，以使缔约方的环境法得以实施，且上述程序公平、公正、透明、符合法律规定的程序；缔约方应规定上述程序中的听证由没有利害关系的公正、独立之人进行；缔约方应规定，在这些程序中就案件的是非曲直做出的最后裁决应以书面形式做出并在适当时说明做出裁决的理由，该裁决要以当事人出具的证据为依据依法做出，且依法向当事人及公众提供；缔约方应酌情规定，上述诉讼程序的当事方有权依法要求对此类诉讼程序的最终裁

---

①边永民.《美墨加协定》构建的贸易与环境保护规则 [J]. 经贸法律评论，2019（4）：27 - 44.

决进行审查，并在必要时予以纠正或重新裁定；缔约方应针对环境违法规定适当的制裁或救济措施，并确保在实施制裁或救济措施时，将违法性质与严重程度、对环境的损害及违法者获取的经济利益等因素考虑在内。显然，这些规定对成员国的环境执法提出了较严格的要求，为缔约方环境法律的切实实施提供了极大保障。第7条规定了环境影响评价制度，要求缔约方维持适当程序，对该缔约方中央政府控制的拟建项目进行环境影响评价，以避免、尽量减少或减轻不利影响。缔约方还要确保此类程序向公众披露信息，并依法允许公众参与。

2. 具体承诺：第8—25条[1]

第8—16条和第22条要求缔约方采取所有必要措施，以履行其在下列多边环境协议中的义务：《濒危野生动植物物种国际贸易公约》《关于消耗臭氧层物质的蒙特利尔议定书》《关于1973年防止船舶污染国际公约的1978年议定书》《关于特别是作为水禽栖息地的国际重要湿地公约》《南极海洋生物资源养护公约》《国际捕鲸公约》《建立美洲热带金枪鱼委员会公约》。

第17—21条规定了渔业和海洋资源的保护。协议要求缔约国采取个别和集体行动，以解决过度捕捞和不可持续利用渔业资源所造成的紧迫资源问题；缔约方应实施海洋野生捕捞渔业管理系统，防止为商业捕鱼而使用毒药和炸药及禁止割取鲨鱼鳍；采取有效措施，促进对鲨鱼、海龟、海鸟和海洋哺乳动物的长期养护；控制、减少并最终消除造成过度捕捞和产能过剩的所有补贴；通过缔约国个别或集体努力打击非法、未报告和无管制（IUU）方式的捕鱼行为。

第23条涉及森林管理和贸易的可持续发展，要求缔约方酌情进行信息交换和国际合作，促进森林管理的可持续性；缔约方承诺维持和加强政府能力和体制建设以促进森林管理的可持续发展，并促进森林产品贸易在合法采集的前提下进行。

第24条为缔约方在环境产品与服务的贸易与投资事项上设立了义务，要求缔约方采取措施促进环境产品和服务的贸易与投资发展。同时，缔约方

----

① See The United States—Mexico—Canada Agreement(USMCA),Chapter 24. Article 8 - 25.

要加强国际合作，进一步促进全球环境货物与服务贸易的便利化与自由化，并可实施环境货物与服务合作项目，以应对当前和未来的全球环境挑战。

第 25 条是缔约方关于环境合作的承诺：承诺扩大环境问题上的合作；承诺按照缔约方签署的《加拿大、墨西哥合众国和美利坚合众国政府间环境合作协定》进行环境合作。

3. 行政机构和争端解决程序：第 26—32 条①

为了在执行环境章节方面进行沟通，第 26 条要求各缔约方在协议生效之日起 90 天内指定联络点并通知其有关当局；缔约方设立的环境委员会由各缔约方中央一级政府环境贸易部门的高级政府代表或其指定人员组成，负责协议环境章节的执行问题。

第 27 条和第 28 条为涉环境投资案件的个人申诉制敞开了大门：（1）若一缔约方未能有效执行其环境法，则缔约方的任何人均可向环境合作委员会秘书处提交意见书，由后者对提交的文件进行审议，并在收到材料的 30 天内确定是否需要相关缔约方做出答复。（2）如果秘书处请求缔约方做出回复，则应将申诉人提交的文件副本及相应支撑材料转交该缔约方，后者应在秘书处请求提交后的 60 天内将所涉事项的解决情况或解决方案通知环境合作委员会秘书处。（3）如果秘书处认为，根据缔约方的答复，有必要对提交的材料建立事实记录，它应在收到缔约方答复后的 60 天内通知理事会和环境委员会，并说明理由。经至少两名理事会成员指示，秘书处开始准备制定事实记录。（4）秘书处应在理事会指示制定事实记录后的 120 天内，向理事会提交事实记录草案。任何缔约方均可在草案提交的 30 天内对草案提出评论意见，秘书处应将这些意见纳入最终事实记录，并迅速提交理事会。（5）秘书处通常在最终事实记录提交后的 30 天内将记录公开，除非至少有两名理事会成员做出相反指示。（6）环境委员会应根据 USMCA 环境章节和《环境合作协议》的目标对最终事实记录进行审议，并可就事实记录中所涉事项是否可从合作活动中获益向理事会提出建议。（7）各缔约方应酌情向理事会和环境委员会提供关于最终事实记录的补充资料。

---

①See The United States—Mexico—Canada Agreement(USMCA),Chapter 24. Article 26 – 32.

第 29-31 条规定了争议事项解决的磋商程序：（1）缔约国磋商。一缔约方可就 USMCA 环境章节项下产生的任何问题书面通知被申诉方联络点，请求与对方进行磋商，并通过其联络点向第三方提交磋商请求。如果第三方认为其在所涉事项上有重大利害关系，可参加磋商，但必须在不迟于磋商请求提交之日起的 7 天内，以书面形式通知请求方和被申诉方的联络点，并在通知中说明其在该事项中的实质性利益。协议要求参加磋商的缔约方尽一切努力达成各方满意的解决方案。（2）高级代表磋商。如果缔约方之间磋商未果，则任一磋商缔约方均可书面通知其他磋商方的联络点，请求磋商方的环境委员会代表召开会议对所涉问题进行审议，而磋商方的环境委员会代表应在该请求提交后立即召开会议，寻求对问题的解决。（3）部长磋商。若上述高级代表会议仍未能解决问题，则任一磋商缔约方均可将争议事项提交磋商缔约方相关部长，寻求问题的解决。磋商可以由相关部长亲自直接进行，也可以采用磋商缔约方同意的任何技术手段进行。若为前者，则磋商应在被申诉方的首都进行，除非磋商各方提出不同意见。

第 32 条规定了争端解决的专家组程序。如果磋商缔约方在收到根据第 24 章 29 条第 2 款提出的磋商请求后的 30 天内，或磋商方确定的任何其他期间内，未能按照第 24 章 29 条、第 24 章 30 条和第 24 章 31 条解决问题，则申诉方可根据第 31 章 6 条的规定请求设立专家组，由后者对争端进行调查并做出裁决。

综上，与 NAFTA 相比，USMCA 一方面扩大了环境问题的覆盖面，专列 24 章以规定环境问题，另一方面对 NAFTA 附属协议《北美环境合作协议》进行更新而成的《环境合作协议》继续发挥超国家环境合作委员会的作用。显然，USMCA 在环境问题上大大前进了一步。"USMCA 的第 24 章被认为是所有贸易协定中关于环境的最先进和最全面的一章。"[1]

（二）《美墨加协议》强化环境保护的背景下区域投资发展趋势

毫无疑问，北美自由贸易区通过《美墨加协议》将环境保护提到了一个

---

①Bashar H. Malkawi and Shakeel Kazmi,Dissecting and Unpacking the USMCA Environmental Provisions:Game-Changer for Green Governance?,JURIST - Academic Commentary,June 6,2020.

新高度，这在提高区域环境质量的同时也给缔约方国民之间的相互投资带来了一定影响，使得区域投资在未来相当长一段时间呈现出以下发展态势：

1. 区域性国际投资将受到更加严格的环境规制

尽管协议中的大量环境条款涉及区域贸易问题，但仍有相当一部分内容是与区域性投资相关联的。就此而言，USMCA 与 NAFTA 一脉相承，且更进了一步。

USMCA 第 14 章第 16 条规定："本章任何规定均不得解释为阻止缔约方采取、维护或实施它认为适当的与本章相一致的任何措施，以确保其境内的投资活动在进行过程中对环境、健康、安全及其他监管目标保持关注。"据此，任一缔约方均可采取它认为适当的措施，使境内外国投资的进行能够与本国的环境目标相一致。至于东道国会采取什么样的措施，是否会对境内外资利益产生不利影响，协议并没有进行具体规定。如此，缔约国便拥有了相当的酌处权，通过采取特定措施将外资活动控制在关注环境保护的范围之内。

第 14 章第 17 条对企业社会责任进行了规定："缔约方重申每一缔约方鼓励在其境内或受其管辖的企业自愿将已获该缔约方赞同或支持的国际公认标准、准则及企业社会责任原则——可包括经合发组织《跨国公司行动准则》，纳入其内部政策的重要性，这些标准、准则和原则可能涉及劳动、环境、性别平等、人权、土著和土著人的权利以及腐败等领域。"① 需要指出的是，尽管协议对企业纳入国际公认标准、准则和原则并没有作出强制性规定，而采用了企业"自愿纳入"（voluntarily incorporate into），且缔约国是"鼓励"（encouraging）而非"应该"（shall），但这些形式上的"温和"丝毫没有减轻缔约国境内外资面临的规制，包括环境规制。撇开其他的标准和准则，单就《跨国公司行动准则》（简称《准则》）而言，进行跨国经营的企业，其投资地所在国是该准则的参加国时，准则为企业施加的义务几乎是半强制性的。因为就企业承担的环境责任而言，《准则》明确要求企业"适当考虑保护环境、公共卫生和安全，并通常以有助于实现更广泛的可持续发展

① See The United States—Mexico—Canada Agreement(USMCA),Chapter 12. Article17.

目标的方式开展活动",为此规定了以下义务:建立并保持适合企业的环境管理体系;向公众和工人提供企业投资活动对环境的影响、企业改善环境的进展情况等方面信息,并与直接受企业环境、健康和安全政策及其实施影响的社区进行充分、及时沟通和协商;在决策时对企业造成的可预见的环境、健康和安全影响进行评估和解决,并在相关活动会对环境产生重大影响时准备进行环境影响评价;在存在严重破坏环境的情况下,要考虑到人类健康和安全,不能以缺乏充分的科学确定性为由推迟采取防止或尽量减少此类损害的措施;维持应急计划,以预防、减轻和控制企业运营造成的严重环境和健康损害;采取鼓励措施,促进企业对环境的改善;在环境、健康和安全事项上对工人进行充分教育和培训;促进制定对环境有意义、对经济有效的公共政策。①有一点需要指出,为了落实企业社会责任制度,《准则》建立了独特的执行机制——国家联络点机制。在相关利益方因企业未能按照《准则》进行投资活动时,通过调解或斡旋促使企业拿出解决问题的方案。事实上,申诉程序一般是因企业未能遵守《准则》而启动,那么问题的解决结果往往是各方达成未来行动计划或者企业对导致环境、健康或安全问题的政策进行调整。从这个角度上看,《准则》虽然确立了"企业遵守本准则是自愿并且非法律强制性的"适用原则,但绝不意味着其真的可以无所顾虑地将《准则》抛到一边而我行我素。考虑到美国、加拿大和墨西哥均是《准则》的参加国,从而均有鼓励企业实施《准则》的国际法义务,三缔约国境内的其他缔约方的投资者在一定程度上就承担了《准则》施加的社会责任义务,由此,其面临的环境规制自然也就更加严格了。

第14章附件B第3条对直接征收和间接征收的概念进行了明确,其b款明确指出缔约一方采取的非歧视性规制行动,若其制定和实施是为了保护健康、安全和环境等公共福利,除极少数情况外,不构成间接征收。一般情况下,如果缔约国对境内外资采取措施致其利益受损,则须对相应外资进行补偿。但如果缔约国的措施是旨在保护环境、健康或安全的措施,且措施的实施没有歧视性,则该措施不构成间接征收,从而使实施措施的缔约国无须

①See The OECD Declaration and Decisions on International Investment and Multinational Enterprises:Basic Texts,Annex 1,Chapter Ⅵ.P14—16.

承担国际责任，即无须对利益受到影响的外资进行补偿。从理论上讲，一缔约国境内的外资随时都有遭遇东道国采取环境措施致利益受损的可能，因而USMCA项下的区域性国际投资者除了要对各缔约国的环境政策和走势予以跟踪关注外，还必须严格规范自己的行为，遵守东道国在环境方面提出的标准和要求。考虑到NAFTA及美国双边投资协定范本中对征收的规定，USMCA项下的征收问题明显更有利于东道国：前述NAFTA背景下的涉环境投资争端中，即便东道国的环境措施旨在保护公共利益且无歧视地实施，政府也要对投资者进行补偿；USMCA不仅不再明确将征收与"相当于征收的措施"加以区分从而减轻了仲裁庭对于"相当于"的判断难度，还将环境措施列入合法的"公共福利"范畴，在很大程度上确保了东道国环境权的"合法"行使。

第24章第13条再次对企业社会责任进行了规定。除了投资章节外，在环境章节中又专门对该问题进行规定，其用意是非常明显的。该条要求缔约方鼓励企业自愿采用和实施有关环境的最佳社会责任的做法，比如该缔约方接受和支持国际公认环境标准和准则方面的最佳社会责任做法，以加强经济和环境的协调一致发展。

由此，USMCA项下的区域性国际投资在获得更高水平保护的同时，承担的责任和义务也更大、更多了。从环境的角度看，北美自由贸易区的国际投资是在受到更加严格环境规制的前提下享受着高水平的投资保护。

2. 环境友好型投资将获得长足发展

USMCA缔约国所追求的不仅仅是经济上的增长和进步，还有环境质量的进一步改善。这从协定专设环境章节以及在投资章节中对企业社会责任的规定即可体现出来。

第24章"环境专章"中除了涉及缔约国在众多环境领域中的具体承诺及涉环境投资争端解决程序外，还涉及企业所承担的相应责任和义务。其中，第9条要求缔约方进行合作以解决消耗臭氧层物质的削减问题，合作包括在以下相关领域交流信息和经验：（a）此类物质的环保替代品；（b）制冷剂管理实践、政策和计划；（c）平流层臭氧测量方法；（d）打击此类物质的非法贸易。这里，单就"此类物质的环保替代品"而言，尽管是缔约方之间进行交流的内容，但考虑到其交流的目的及缔约方履行《蒙特利尔议定书》

及《基加利修正案》的义务，企业加大研发和供应运用新制冷剂的产品已是大势所趋。在缔约国交流相关信息和经验的背后，将会促使看到"商机"的投资者加大对新制冷剂产品的投资、推广与供应。从这个意义上说，该章中其他关于缔约国履行其参加的环境公约义务方面的规定，均有利于引导企业加大在相关领域的投资力度。

尤其值得一提的是第24章第24条关于"环境产品与服务"的规定。该条指出：缔约方承认在环境产品与服务——包括清洁技术——上进行贸易与投资的重要性：提高环境和经济绩效；促进绿色增长和就业；鼓励可持续发展；应对全球环境挑战。由此，缔约方应鼓励环境产品和投资的贸易与投资发展，并努力解决环境产品和服务贸易壁垒，包括通过环境委员会开展工作，及酌情与根据 USMCA 设立的其他相关委员会合作。此外，缔约方还可以实施环境产品与服务合作项目，以应对当前和未来的全球性环境问题的挑战。如果说第9条、第10条等涉及"环境产品与服务"内容的表达方式比较含蓄，那么第24条则比较直白地表达了缔约方对环境产品与服务的期待以及在未来发展该类产品与服务的决心。

前述，第14章"投资专章"第17条对企业的社会责任进行了规定，要求缔约方鼓励企业将国际公认的环境等方面的标准、准则和原则纳入内部决策中，特别指出可将经合组织《跨国公司行动准则》纳入进去，作为规范企业在东道国活动的重要依据。需要指出，《跨国公司行动准则》旨在推动跨国公司的投资活动朝着促进东道国经济可持续发展的方向发展，因此对企业在环境方面的责任和义务特别关注。该准则第6章专门对企业的环境责任进行了规定，该章第6条 b 款要求参加《准则》的成员方鼓励企业开发和供应具有以下特点的产品和服务，以使企业的环境绩效不断改善：对环境没有不当影响；能够安全使用；减少温室气体排放；高效利用能源和资源；能够重复使用、循环利用并进行安全处置。协定列出的环境产品和服务均是实现经济可持续增长的重要保障和体现，体现了北美三国对区域性国际投资可持续发展的期待。

综上，USMCA 为实现区域经济的可持续发展，为缔约方施加了"鼓励"企业发展环境产品与服务的义务。目前尚不清楚缔约国将采取何种措施去鼓励境内投资活动开发和供应上述环境产品和服务，但不难预测，在协定确定的大方针指导下，未来的北美自由贸易区环境友好型投资将获得长足发展。

3. 涉环境投资争端解决机制将发生重大变化

如前所述，NAFTA 规定了投资者-国家仲裁条款，允许外国投资者在成员国政府给予其不公平待遇或违反 NAFTA 投资承诺时提起仲裁，在中立的仲裁庭向东道国政府提出索赔。换言之，根据 NAFTA 的规定，一旦产生涉环境投资争端，投资者-国家仲裁机制将自动启动，投资者无须前往争端当事国国内法院或让其本国政府提出索赔。该规定原本是为了给外国投资者提供与其投资有关的公正的正当程序，实现对国际投资利益保护，从而促进投资自由化的发展。然而，该争端解决模式在实践中频遭冷遇，批评的声音主要集中在东道国基于公共利益行使环境主权的情况下，却因相关措施损害了外国投资者的利益而要进行巨额赔偿，前述迈尔斯公司诉加拿大案和迈特克莱德公司诉墨西哥案就是如此。北美三国中，受到投资者-国家仲裁机制不利影响最大的当属加拿大。由于针对它提起的索赔案件和裁定其支付巨额赔偿的案件最多，加拿大对该争端解决机制尤其反感和排斥。

正因为该争端解决模式饱受诟病，USMCA 对投资者-国家仲裁机制的自动启动模式进行了根本性变革，一方面取消了针对加拿大的投资者-国家争端解决机制，另一方面对该机制在美国和墨西哥之间的适用进行了限制。其中，该机制在加拿大的适用将在三年内逐步取消，此后加拿大境内的投资者不能起诉加拿大政府，只能通过加拿大国内法院或其他争端解决机制寻求争端的解决；加拿大投资者同样不能起诉美国和墨西哥政府。

美国和墨西哥之间的涉环境投资争端解决模式将视情况而定。为此，USMCA 将投资分为两类，并在争端解决机制上区别对待：针对普通投资的一般情形；主要针对政府作为合同当事方的投资的特殊情形。（1）一般情形，针对普通投资的争端解决。根据第 14 章附件 D 第 3 条的规定，在启动投资者-国家仲裁机制前，此类投资只能在东道国政府违反国民待遇、最惠国待遇并构成直接征收的情形时进行投诉，且还要在第 14 章附件 D 第 5 条规定的时间内提起申诉，即外资申诉人必须首先向东道国国内法院或行政法庭起诉，并从最后起诉的法院获得最终裁定或自诉讼开始已超过 30 个月，且自申诉人知道或应该知道东道国违反相关投资待遇并造成损失或损害之日起不超过 4 年。简言之，普通投资仅能针对东道国政府的直接征收措施进行索赔，且必须满足时间节点上的规定。（2）特殊情形，针对以政府为合同当事方的投资的特殊情形。这种例外安排主要涵盖石油和天然气、电力、电信、运输和基础设施建设五大领域的投资。NAFTA 背景下，投资者可以向东道国提起索赔的依据有四个：国民待遇；[①] 最惠国待遇；[②] 公平公正待遇；[③] 征收。[④] USMCA 背景下，美国投资者可以根据上述任何理由立即启动对墨西哥政府的投资者-国家仲裁机制，但该机制的自动启动受到下列条件的限制：一是投资者在所涵盖的五大部门有投资；二是相关合同是由投资者（或其拥有或控制的企业）与行使中央政府权力的缔约方所签订。若不能满足这两个标准，则投资者在满足下列条件下仍能启动投资者-国家仲裁机制：一是该申诉必须首先在墨西哥法院进行了 30 个月；二是此后不得再以"间接"征收或未得到公平公正待遇为由提起申诉。对于其他不在上述涵盖范围之内的投资引起的索赔可由投资者母国通过 USMCA 国家间争端解决机制提起。显然，USMCA 下的涉环境投资争端解决中，投资者索赔的空间被大大压缩了：用尽东道国国内救济；对索赔的时间节点进行明确规定；减少普通投资者索赔的依据。即便涵盖范围内五大领域的投资者可以自动启动传统的投资者-国家仲裁机制，其对该机制的适用也受到了严格的限制和约束。

综上所述，由于缔约方对东道国与外国投资者之间的关系进行了微调，USMCA 项下的区域性国际投资将会受到更加严格的环境规制，且 NAFTA 时期实施的涉环境投资争端的解决机制——投资者-国家仲裁机制进行了根本性改革，未来的区域性涉环境投资争端解决中国家环境规制措施的行使将受到相当的尊重和理解。另外，基于缔约方的有意为之，环境友好型投资将获得长足发展，从而使区域性国际投资更快地朝绿色化方向前进。

---

①与国内投资者相比，东道国给予外国投资者和投资以歧视性待遇。

②与其他外国投资者相比，东道国给予特定外国投资者及其投资以歧视性待遇。

③东道国未能根据国际法的规定，向外国投资者提供最低标准的待遇或全面的保护和安全。

④包括伴随所有权或利益转移的直接征收，以及不伴有所有权或利益转移的间接征收，后者在 NAFTA 背景下常表述为"相当于征收的措施"。

第六章　环境法治背景下的
　　　　中国国际投资法律问题

一、环境法治与在华外国投资

（一）外国直接投资在华污染现状

外国投资在中国经济发展过程中发挥了极为重要的作用，特别是中国加入 WTO 后，在华外资企业大幅增加，中国因此于 2002 年成为世界上吸引外资最多的国家。仅外国非金融直接投资一项，2003 年的实际使用外资金额为 535.05 亿美元，到 2013 年实际使用外资金额已达 1175.86 亿美元，10 年间增长了 119.8％。[①] 2018 年，非金融类外国直接投资的实际使用外资金额增至 1349.7 亿美元（折合 8856.1 亿元人民币），到 2020 年更是在国际投资颓势中将实际利用外资额提升至 1443.7 亿美元（折合 9999.8 亿元人民币），规模再创历史新高。[②] 需要指出的是，在外国对华直接投资的行业分布上，制造业占据了极为重要的地位。改革开放初期，外商投资主要集中在能够迅速启动国家经济发展的第二产业——劳动密集型制造业。后来，随着中国经济实力的增强和经济结构的升级，第二产业在外商投资产业结构中的比重逐渐下降，但仍能占 1/3 强的份额。2002 年，外商直接投资产业结构中，第二产业的实际使用外资金额为 387.56 亿美元，占实际使用外资金额总额 527.43 亿美元的 73.48％。2018 年，中国对外商直接投资的实际使用外资金

①根据商务部外资司《2013 年 1—12 月全国吸收外商直接投资情况》的数据整理。

②根据商务部外资司《2018 年 1—12 月全国吸收外商直接投资快讯》和《2020 年 1—12 月全国利用外商直接投资情况》的数据整理。

额总额是 1349.7 亿美元（折合 8856.1 亿元人民币），其中制造业的实际使用外资金额为 411.7 亿美元，占比 30.5%。[①]

众所周知，制造业为代表的劳动密集型产业对环境破坏极大，伴随生产过程中产生的废水、废气和固体废弃物被大量排放到环境中，造成空气污染、水污染和固体废弃物污染等日益严重的环境问题。在某种程度上，中国的环境污染和破坏正同外国直接投资在华扩张过程呈同步发展之势。尽管国内学界对国际直接投资"污染避难所"假说的观点不一，进行实证研究的学者得出的结论也不尽一致，但外资规模扩大的同时国内环境问题日益严重却是不争的事实。1995 年第三次工业普查数据表明，彼时外商投资于污染密集型产业的企业有 16988 家，工业总产值 4153 亿美元，其中投资于严重污染密集型产业的企业有 7478 家，工业总产值 3793 亿美元，在密集型产业工业总产值中占比 91.33%。[②]《中国统计年鉴》的数据表明，"自 1999 年以来，外商直接投资企业在中国的主要污染密集型行业中的资产占该行业总资产的比重，总体上处于上升趋势"[③]。2019 年，中国对外商直接投资的实际使用外资金额总额是 1381.35 亿美元，其中仅采矿业、制造业以及电力、燃气及水的生产和供应业等污染密集型产业[④]的实际使用外资金额为 410.85 亿美

---

①根据商务部《2002 年外商直接投资产业结构》和《2018 年 1—12 月全国吸收外商直接投资快讯》的数据整理。

②数据来源：1995 年第三次工业普查。

③樊增强. 跨国公司在华投资造成的环境污染及其监管 [J]. 山西师大学报（社会科学版），2015（3）：78-84.

④本书对污染密集型产业界定采用仇方道、蒋涛等人的观点：通过综合考虑污染排放强度（单位工业产值的污染物排放量）（E）与规模（各产业污染物排放量占研究区该污染物排放总量的比重）（P），构建产业污染密集指数 A，污染密集指数越大，表明该产业污染越严重，计算公式为：A＝（E×P）1/2。据此确定电力、燃气及水的生产和供应业、黑色金属冶炼及压延加工业、纺织业、化学原料及化学制品制造业、造纸及纸制品业、采矿业、非金属矿物制品业、石油加工、炼焦及核燃料加工业、饮料制造业、化学纤维制造业等 10 个污染密集型产业。参见仇方道，蒋涛，张纯敏，等. 江苏省污染密集型产业空间转移及影响因素 [J]. 地理科学，2013（7）：789-796.

元，占比 29.7%。① 也就是说，中国工业化进程初期的外国直接投资是以重污染行业为投资重点，加之彼时中国环境法体系不健全、环境规制措施薄弱、污染治理能力有限，很难不得出如下结论：中国环境恶化的开始与外国污染性直接投资有着极强的关联性，或者说至少它在中国环境恶化的过程中起到了推波助澜的作用。即便是后来中国环境法体系日益完善，特别是 2003 年《环境影响评价法》实施后，外国直接投资造成的环境污染局面仍未能得到根本改善。大量知名跨国公司包括世界 500 强在华企业均因超标排放污染物，成为当地的污染大户。2004—2006 年，根据各级环保部门公布的名单，仅涉及水污染的跨国公司就有 33 家，涉事企业除了上海松下电池有限公司、长春百事可乐有限公司、上海雀巢饮用水有限公司等世界 500 强企业，还包括为中国公众熟知的大品牌，如日资上海花王有限公司及美国百胜餐饮集团下属的上海必胜客等。截至 2007 年 8 月 15 日，污染企业名单上的跨国公司已由 2006 年的 33 家增至 90 家，涉及食品、电子、化工、机械制造等诸多行业，覆盖面包括上海、广东、江苏、黑龙江、甘肃、山东、福建、云南、安徽、天津、浙江、湖北、吉林、重庆、湖南、河北、四川、贵州、北京等 15 个省和 4 个直辖市。②

外国直接投资之所以对中国环境污染"功不可没"，无外乎两方面原因。一是外国投资的逐利倾向导致其"环境责任"形同虚设。前述，国际社会早在 20 世纪 70 年代就制定了《跨国公司行动准则》，并于 2000 年对该准则进行了修订，为跨国公司履行包括环境在内的社会责任进行指导。由于发达国家的环境标准较高，因此其境内的外资企业能够较好履行社会责任，造成严重环境污染的情况概率相对较低。而包括中国在内的发展中国家，因经济发展水平的限制，环境标准总体水平偏低。在此情形下，前往投资的跨国公司若能履行准则规定的社会责任，必能大大助力发展中东道国的环境质量的改善，至少不会导致环境质量的恶化。然而实际的情形却是，跨国公司在面临

---

① 根据"《中国统计年鉴（2020 年）》：11—16 按行业分外商直接投资（2019 年）"的数据整理。

② 相关数据由公众与环境研究中心搜集整理，另，《南方周末》曾在 2006 年 10 月（《跨国公司在华污染调查 环保黑名单牵出 33 家企业》）、《环球在线》曾在 2007 年 8 月（《90 家跨国公司上环保"黑名单"污染覆盖全国》）进行过相应报道。

东道国市场竞争的现实时更多地采取了"入乡随俗"的做法，执行了与东道国国内企业相同的较低环保标准。问题是，后者是由于受技术等原因限制只能执行较低环境标准，而跨国公司却是本来有能力执行较高环境标准，却因逐利之需而故意执行较低环境标准，以在经营成本上"不吃亏"。二是中国对外资环境规制存在的不足导致其环境污染行为能够持续进行。总的说来，中国对外资环境污染行为的规制通过两方面进行：外资进入前对外资准入设置环境门槛；外资进入后对外资进行环境法的规制。跨过环境门槛后进入国内的外国直接投资还需要遵守中国环境法的规定，即便不能按照《跨国公司行动准则》的标准或其母国的环境标准安排企业生产和经营，也不能违反中国的环境标准。但实践中，大量在华跨国公司不仅不能在环保方面成为国内企业的榜样，相反，还违反本就相对较低的中国环境标准，超标排放污染物质。加之国内环境监管措施不到位，相当一部分跨国公司的违法排放行为能够一直持续进行，也就不足为奇了。

（二）我国对外国投资的环境规制

1. 我国对在华外资进行环境规制的主要措施

我国对外国投资进行环境规制的途径有两个：通过外资法对外资的市场准入设置环境门槛；通过环境法对入境后的外资进行规制。其中，第二个途径平等适用于内资和外资，要求内外资按照中国环境法的规定安排生产和经营，由于此种途径中外资不具有特殊性，在此不再赘述。下面主要介绍第一种途径，即通过外资法进行的环境规制。

总的来看，这种途径主要有两个方面：

（1）对涉环境行业采取的鼓励性措施

1995 年以来，我国针对外商投资的市场准入定期发布指导目录，明确鼓励、限制和禁止外资进入的行业，以服务于中国经济发展的大局。毫无疑问，涉环保行业历来均是各版指导目录中鼓励外资进入行业的重要方面。目前适用的是 2020 年版《鼓励外商投资产业目录》，鼓励外资进入的涉环境行业参见附录：《鼓励外商投资产业目录（2020 年版）》（涉及环境部分）。

（2）对涉环境行业采取的限制性措施

中国对限制性涉环境行业采取了负面清单形式，凡是列在清单中的行业均是限制或禁止外资进入的行业，对这些行业，清单统一列出股权要求、高管要求等外商投资准入方面的特别管理措施。清单之外的领域，按照内外资一致原则实施管理。与鼓励外资进入的涉环境行业数量相比，限制或禁止外资进入的涉环境行业要少很多。虽说这是某种程度上中国在新冠疫情背景下经济受到较大冲击严峻形势下的应对之举，但更体现了中国不断扩大外资市场准入的趋势，是中国加大开放步伐的重要体现。为此，还专门针对自由贸易试验区制定了专门的《外商投资准入负面清单》。目前适用的负面清单为2020版，详情参见附录：外商投资准入特别管理措施（负面清单）（2020年版）（涉及环境部分）。

（三）中国对在华外资的环境规制存在的问题及完善建议

1. 我国对外资的环境规制存在的不足与问题

我国对外资的环境规制存在诸多问题与不足，但主要表现在以下几个方面：

（1）外商投资"绿色"行业的比重偏低。很多学者认为，跨国公司之所以在华投资造成环境污染，"外商投资过度进入制造业是环境污染的一个主要原因"[①]。本书对此观点持保留态度。不可否认，制造业在生产和制造过程中会因对原材料和能源的消耗产生废水、废气或固体废弃物，从而对环境造成污染和破坏。但若说这是造成外资企业污染环境的"主要原因"，不免有些武断。因为制造业尽管比其他行业更易于污染环境，但企业若能够采用环境友好技术，其污染的程度必能降到最低限度。换言之，如果企业能够使用环境友好技术或所投资的行业是致力于环境友好产品的研发，那么即便短期会对环境造成不利影响，但随着时间的推移，环境质量会不断改善和提高。从这个意义上说，造成跨国公司在华环境污染的原因似乎并不在于"过度进入制造业"，而是没有"过度进入环境友好型产业"。中国外商投资产业指导目录自1995年开始发布，在该版鼓励外资进入的目录中，与"环境"直接相关的条目大致有18条；2004年，与"环境"直接相关的条目大致有33条；到2007年，与"环境"直接相关的条目大致有61条；2017年，该数目已达108条。"环境"项目的增加必然为环境的改善带来益处：1992—2006

---

①樊增强. 跨国公司在华投资造成的环境污染及其监管 [J]. 山西师大学报（社会科学版），2015（3）：78 - 84.

年，中国主要污染物排放指标（工业废水、工业废气以及工业 SO_2）呈逐年增加之势，[①] 但到 2017 年年底，三类主要污染物排放量比 2007 年分别下降了 72%、46% 和 34%。[②] 虽然我们不能从上述数据变化中得出中国主要污染物的下降得益于外资进入"绿色"产业的增加，但二者显然是存在正相关的关系的，因为中国环境质量不断改善的过程正是《外商投资产业指导目录》不断增加鼓励外资准入的"涉环境"行业条目的过程，这种正相关关系绝不是巧合。

（2）外商投资企业缺乏履行国际环境责任的驱动力

首先，在华外资企业缺乏履行国际环境责任的外部驱动力。

环境责任是企业社会责任的一部分，主要"致力于可持续发展——消耗较少的自然资源，让环境承受较少的废弃物"[③]。经合组织在 1976 年制定了《跨国公司行动准则》，对跨国公司的行为进行多方面规制。其中，在环境方面明确要求跨国公司遵守东道国的环境法律规范、"适当考虑有关国际标准"、采取步骤保护环境，并"应响应其业务所在国政府的要求，并在适当情况下准备与国际组织合作，努力制定和促进保护环境的国家和国际标准"[④]。经合组织于 2011 年对准则进行第五次修订，为跨国公司确立了多个领域的商业行为原则和标准。其中，在环境方面，要求跨国公司"在其经营所在国的法律、法规和行政惯例的框架内，并在考虑相关的国际协定、原则、目标和标准，适当考虑保护环境、公共健康和安全的需要，并通常以有助于实现更广泛的可持续发展目标的方式开展活动"，尤其是"建立环境管

---

①杨博琼，王晓兵，等. 中国绿色发展和外商直接投资政策选择 [J]. 中国人口·资源与环境，2013（10）：119 - 126.

②吕望舒. 第二次全国污染源普查显示我国主要污染物排放量大幅下降 [N]. 中国环境报，2020 - 06 - 16.

③转引自谢芳，李慧明. 企业的环境责任与环境绩效评估 [J]. 现代财经（天津财经大学学报），2005（1）：40 - 42.

④See Draft UNITED NATIONS Code of Conduct on Transnational Corporations [1983 version]. Article 6 - 8.

理系统"以及"不断提高环境业绩",等等。① 需要指出的是,该准则主要是为跨国公司的行为确立原则和标准,但其参加方却是国家,因此该准则对跨国公司的适用需要借助国家来实现,由国家采取措施落实该准则的规定。前述,《美墨加协定》就是通过缔约国的鼓励措施达到境内外国投资者对环境责任的履行。从这个意义上说,该准则参加国的"鼓励"是跨国公司履行环境责任的外部驱动力。

然而,由于中国不是该准则的参加国,对于在华外商投资企业来说,这种外部驱动力是不存在的。在这种情况下,在华外商投资企业能否真正履行该准则规定的环境责任,在很大程度上就取决于其"自觉性"了。

其次,在华外资企业缺乏履行环境责任的内部驱动力。

外国投资者是"经济人",逐利是其本性,其关注的重点是如何向消费者提供质优价廉的产品和服务,塑造良好的品牌形象,以便在竞争中取得优势。即便有的外资企业有时会考虑参与环境保护问题,也是商业伦理和道德使然,而且占比极低。② 因此,期待外国投资者以"慎独"式的自觉履行环境责任未免过于理想化。2006 年曝光的上海雀巢饮用水有限公司在环保设施未经验收的情况下主体工程就已擅自投入生产,而 3M 上海研磨产品制造有限公司更是连环境影响评价审批手续都未办理便已投入生产;2007 年,"公众与环境研究中心"公布的"环境违规企业"名单上有 100 多家跨国公司,这些公司的母国多数是欧美日等发达国家,对环境标准要求极高。"像日本的一家公司,据查,其在本土的 8 家公司有 7 家均达到污染零排放,但在中国,却连基本排放标准都未达到。"③ 这些案例表明,外国投资者在缺乏外部强力干预的情况下极少"适当考虑"国际环境标准,而是想方设法降低生产成本以追求利润的最大化。

---

① See OECD Guidelines for Multinational Enterprises:Recommendations for Responsible Business Conduct in a Global Context[2011 version]. Part I Chapter Ⅵ.

② 张丽霞曾对当地外资企业基本环境责任参与程度与驱动因素进行过实证研究,结论大致如此。参见张丽霞. 生态文明视角下外资企业环境责任行为驱动因素实证研究 [J]. 生态经济,2017(12):97-100.

③ 吴焰. 跨国企业的"环境责任"哪去了 [N]. 人民日报,2007-08-24 (5).

于是，在内在驱动力缺乏和外部驱动力缺位①的双重作用下，相当一部分在华外资企业选择了"入乡随俗"，自动降低环境标准，成为中国环境污染加剧的重要参与者。

（3）中国环境责任立法不完善且环境监管执法不到位

就在华外资企业履行环境责任的外部驱动力而言，包括两个维度：一个是国家基于国际法"驱动"企业履行环境责任；一个是国家基于国内法"驱动"企业履行环境责任。中国经济发展进程中环境的破坏和恶化固然有上述两个客观原因，但中国自身存在的问题也是不容忽视的重要原因。主观上的原因主要是两个方面：

①中国环境责任立法的不完善性

中国企业环境责任法律体系已初步建立，《环境保护法》《海洋环境保护法》《大气污染防治法》《清洁生产促进法》《企业所得税法》和《公司法》均对企业的环境责任有不同程度的涉及，为包括外资企业在内的企业履行环境责任搭建了基本框架。但同时环境责任立法也存在一系列问题，导致相应立法不能发挥预期的功能。最为突出的问题便是法律关于企业环境责任的规定较为抽象，不具有可操作性。比如《公司法》第五条规定："公司从事经营活动，必须遵守法律、行政法规，遵守社会公德、商业道德，诚实守信，接受政府和社会公众的监督，承担社会责任。"这里的社会责任包括避免造成环境污染的责任。但至于如何承担这种责任，《公司法》并没有规定具体措施，而企业面对比较模糊的法律条文，很难做出透彻的理解并精准履行环境责任。再如《清洁生产促进法》第30条规定："国家建立清洁生产表彰奖励制度。对在清洁生产工作中做出显著成绩的单位和个人，由人民政府给予表彰和奖励。"但对于成绩的"显著"性标准以及表彰奖励的具体形式，该法中均没有明确加以规定。该条规定本来旨在通过表彰奖励制度鼓励企业进行清洁生产，但当制度本身的"弹性"较大时，很难激励企业为了不明确的表彰奖励而增加成本进行清洁生产。该法第33条鼓励企业综合利用废弃物："依法利用废物和从废物中回收原料生产产品的，按照国家规定享受税收优惠"，但同样，"措施过于笼统，缺少具体的实施细则，相关部门也未出台相

---

① 此处仅指以《跨国公司行动准则》为代表的国际法上的环境责任规制。

应的配套措施"①，从而无法真正实现激励企业自觉履行环境责任的初衷。《环境保护法》《大气污染防治法》《海洋环境保护法》等也都存在同样的不足，这使得企业在"有法可依"的情况下不知或假装不知如何"依"法，导致相当一部分企业包括外资企业将履行环境责任的重点放在参与环保项目、进行环保宣传等"形象工程"上，而不是想方设法节能减排、清洁生产，不是考虑如何对废弃物进行综合利用，"作秀"意味明显。

②对在华外资企业的环境监管执法存在较大疏漏

引进外资发展经济是改革开放以来的一项重要内容，也是中国参与全球化不可或缺的一部分。然而，地方政府多年来为引进外资而进行恶性竞争，不仅人为降低引进外资的环境门槛，而且对外资的超标排放行为视而不见，这种为单纯追求政绩而放松环境监管执法的情形是外资企业不能较好履行环境责任的重要原因。前述，中国环境责任立法体系不健全是外资企业环境责任目标模糊、履行环境责任流于形式的重要原因，但即便是建立了健全、严苛的法律体系，如果不能得以落实，立法也会变成没有牙齿的老虎。我国已建立大气污染物和水污染物排放标准体系，《大气污染防治法》和《水污染防治法》也对企业的排放行为进行了规制，但仍有大量外资企业甚至是跨国公司公然违规排放，其中自然有外资企业基于逐利考虑对法律的逃避，而中国环境监管执法不力或不作为则使这种逃避成为现实甚至是常态。

环境监管执法不力原因有多种。其中，基层环境监管能力不足和部门协调不足问题尤其突出。首先，相对薄弱的基层环境监管能力难以保障环境监管的及时性和有效性。基层环境监管能力问题表现在监管人员数量不足、执法人员技术水平参差不齐、执法设备不够先进、执法经费不够充足等方面。2014年国务院办公厅印发的《关于加强环境监管执法的通知》提出的五大措施之一就是"增强基层监管力量，提升环境监管执法能力，加快解决环境监管执法队伍基础差、能力弱等问题"②，但"目前基层环境监管力量到底在何种程度上得到强化尚缺乏明确答案，基层环境执法能力建设缺乏有效的跟踪

---

① 杨奕，智静，等.《中华人民共和国清洁生产促进法》实施中存在的问题及完善途径 [J]. 环境工程技术学报，2021（2）：378 - 384.

② 参见2014年11月国务院办公厅印发的《关于加强环境监管执法的通知》。

评价机制"①。其次，部门协调不足导致环境监管执法相互扯皮，效率低下。"长期以来，生态环境执法领域职责交叉、权责碎片化、权责脱节等体制性障碍突出，不同程度存在法律法规规定分散、执法主体分散、执法事项不明确、执法机构人员配置不科学等问题。"② 为此，2018 年 12 月出台的《关于深化生态环境保护综合行政执法改革的指导意见》提出对环境保护和国土、农业、水利、海洋等部门相关污染防治和生态保护执法职责进行整合。2020年出台的《生态环境保护综合行政执法事项指导目录（2020 年版）》和《关于生态环境保护综合行政执法有关事项的通知》更是要求各地生态环境主管部门和水行政主管部门结合实际，进一步厘清执法主体权责和执法边界，积极探索建立两部门协同联动机制，强化共同关注领域的联动执法。③ 上述文件为环境监管执法所涉相关部门之间的协调工作进行了有益探索，但执法主体的权责和执法边界如何厘清、按照什么标准或原则厘清，部门之间如何协同联动、按照什么程序联动执法等问题却没有相应规定。另外，2014 年的《通知》提出要"强化地方政府领导责任，明确各有关部门和单位在环境监管执法中的责任"，2016 年的《指导意见》强调"落实地方党委和政府对生态环境负总责的要求""强化地方环保部门职责"，同时又要求市县两级环境执法机构受省级环保部门的监督管理，其中市级环保部门负责属地环境执法，强化综合统筹协调，县级环保部门强化现场环境执法，但"地方各级党委和政府将相关部门环境保护履职尽责情况纳入年度部门绩效考核"。④ 这里，姑且不考虑地方政府对地方环保部门履职情况进行考核会不会影响后者环保监察执法的效果，单是市级环保部门强化综合统筹协调的规定能否真正落实到位，在一定程度上就是个未知数。一方面，市环保部门要受当地政府

---

① 张忠利. 改革开放 40 年来生态环境监管执法的回顾与展望 [J]. 中国环境管理，2018（6）：29 - 35.

② 生态环境部行政体制与人事司. 全面推进综合行政执法改革 努力打造生态环保执法铁军 [J]，中国机构改革与管理，2019（2）：10 - 13.

③ 参见关于《生态环境保护综合行政执法事项指导目录（2020 年版）》有关事项说明的通知（环人事〔2020〕23 号）。

④ 参见中共中央办公厅、国务院办公厅印发的《关于省以下环保机构监测监察执法垂直管理制度改革试点工作的指导意见》。

绩效考核的约束，这种约束使其"强化综合统筹协调"时可能会揣摩当地政府的意图，最终导致环境监察执法效果大打折扣；另一方面，市级环保部门如何"强化综合统筹协调"并无明确规定，目前也没有与之相关的任何配套措施，因此市级环保部门能否较好进行"综合统筹协调"，使得部门之间形成合力进而进行联动执法，效果尚不明确。

2. 完善在华外资环境规制的对策

（1）充分认识通过市场准入对外资进行环境规制的重要性

以投资全球化为核心的经济全球化已然走在发展的高速路上，尽管在不同时期会遭遇大大小小的障碍，但其前进的方向是任谁也扭转不了的。在此情形下，进一步融入全球化洪流、进一步加大开放步伐是全球化发展的呼唤，也是未来中国经济腾飞的必由之路。这就意味着，中国面向外国投资的大门不仅不会关闭，开放力度还会不断加大。这从中国国家发展和改革委员会和商务部联合发布的《鼓励外商投资产业目录（2020 年版）》及《外商投资准入特别管理措施（负面清单）（2020 年版）》中可见一斑。2020 年版《鼓励外商投资产业目录》总条目为 1235 条，比 2019 年版增加了 127 条，进一步扩大了鼓励外商投资范围。2020 年版《外商投资准入特别管理措施（负面清单）》由 2019 年版的 40 条减至 33 条，压减比例 17.5%，还有 2 条部分开放；自贸试验区负面清单由 37 条减至 30 条，压减比例 18.9%，还有 1 条部分开放。① 由此，中国所面对的并不是外资准不准入、多大程度准入问题，而是如何完善外资规制、使外资更好地服务于中国经济发展大局的问题。从环境角度来说，就是如何完善对外资的环境规制，更好地实现中国经济与环境保护协调发展的问题。

当前的《鼓励外商投资产业目录》和《外商投资准入特别管理措施（负面清单）》是在经济全球化进程受阻、中国经济发展速度放缓的背景下出台的外资产业指导目录。在外资准入方面所列的鼓励性行业和限制性行业，确保了中国在保证国家安全的前提下实现经济的可持续发展。从环境保护的角

---

① 参见国家发展和改革委员会 2020 年 6 月 24 日发布的新闻：推进更高水平对外开放，以开放促改革促发展——国家发展改革委有关负责人就 2020 年版外商投资准入负面清单答记者问。

度来看,《鼓励外商投资产业目录》是促进中国经济增长绿色化的重要助推器,《外商投资准入特别管理措施(负面清单)》则是维护中国经济稳健增长的安全阀,二者共同完成在外资准入方面的环境规制。这是对外商投资进行环境规制的首要环节,也是至关重要的一环。只有在这个环节把好关,后续对外国投资的环境规制才能更好地驾驭自如。

(2)《鼓励外商投资产业目录》进一步增加"涉环境"行业条目

根据 2020 版《鼓励外商投资产业目录》的规定,目前鼓励外资进入的行业有 13 个。建议根据中国经济发展的情况,进一步增加 13 个行业中与环境直接相关的条目,以引导外资向绿色化方向发展。

相比其他行业,制造业因消耗能源资源及排放污染物质而更易于对环境造成破坏,而且因其在解决就业和促进经济"绿色化"增长方面具有极为重要的作用,故而应成为鼓励外商投资进入的重点领域。事实上,从 1995 年第一版《外商投资产业指导目录》发布起,制造业的"绿色化"趋势就已经愈来愈明显了:1995 年与环境之间相关的制造业大致包含 10 个条目;2005 版与环境之间相关的制造业大致包含 27 个条目;2015 版增加到 64 个条目;2020 版增加到 87 个条目。[①] 制造业的"绿色化"大大提高了环境友好型投资在外商投资中的比重,使得原材料和能源的利用率得以不断提高,污染物排放量不断下降,从而在总体上助力环境治理的开展。

从鼓励外商投资产业目录中与环境直接相关条目的增加过程看,所增加的鼓励外资进入的行业越来越细化,越来越"专业化"。2005 版鼓励外资准入的制造业包含食品加工业、烟草加工业、纺织业等 22 个子项目,其中对环境污染较重的"纺织业"包括工程用特种纺织品生产和高档织物面料的织染及后整理加工两个条目,尚未显示出"绿色"投资的迹象。到 2020 版时,鼓励外资准入的制造业已包括 24 个子项目,纺织行业不仅有"纺织业",还增加了"纺织服装、服饰业"子项目,而且仅"纺织业"就包括四个条目,其中三个更是与环保直接相关:①采用染整清洁生产技术生产高档纺织面

①根据《外商投资产业指导目录(1995 年)》《外商投资产业指导目录(2005 年)》《外商投资产业指导目录(2015 年)》和《鼓励外商投资产业目录(2020 年版)》的数据整理。

料；②符合环保要求的特种动物纤维、麻纤维、桑柞蚕丝、彩色棉花、彩色桑茧丝类天然纤维的加工技术与产品生产；③废旧纺织品回收利用。2005 版制造业下的"皮革、皮毛制品业"同样主要着眼于经济的发展，所包含的两个条目"猪、牛、羊蓝湿皮新技术加工"和"皮革后整饰新技术加工"，无一显示出引进外资要实现"可持续发展"的意图。但到了 2020 版，该项目已调整为"皮革、毛皮、羽毛及其制品和制鞋业"，并且将"皮革废弃物综合利用"作为该领域鼓励外资进入的四个条目之一，"绿色"发展意图尽显。制造业下"专用设备制造业"的"绿色化"尤其具有代表性：2005 版的"专用设备制造业"包含 42 个条目，其中 8 个与环境直接相关；2020 版的"专用设备制造业"包含 102 个条目，其中 30 个与环境直接相关，如"环保节能型现场喷涂聚氨酯防水保温系统设备制造""土壤污染治理及修复设备制造""低油耗低噪声低排放柴油机的制造""农用废物的资源化利用及规模化畜禽养殖废物的资源化利用设备制造"等等。对相关涉环境条目规定得越细、越具有可执行性，对相应的外资进行监督也就越容易。

鉴于此，建议《鼓励外商投资产业目录》进一步增加"涉环境"行业条目，使越来越多的绿色外商投资进入中国，以助推中国经济的可持续发展。

（3）加强环境信息披露，引导外资企业履行环境责任

尽管《跨国公司行动准则》对于一国境内外资企业履行环境责任具有重要作用，但并不是说外资企业履行环境责任要以东道国加入该准则为前提。事实上，即便是该准则的参加国也要采取相应措施对企业履行环境责任的情形进行规制。"挪威及瑞典政府立法规范其企业环境年报信息。美国的国家环境表现跟踪计划也规定成员企业有关环境绩效报告的框架以全球报告指南为基础，每年都必须向美国环保局及公众提交一份年度环境绩效报告。"[1] 因此，通过采取措施让企业披露其环境信息的方式，"迫使"企业履行环境责任应是当下中国对外资企业进行环境规制的必然选择。为此，2015 年生效的《环境保护法（修订版）》已明确过重点排污单位的强制信息披露要求，2016 年通过的《清洁生产审核办法》也规定了实施强制清洁生产审核企业的

---

①谢芳，李慧明. 企业的环境责任与环境绩效评估 [J]. 现代财经（天津财经大学学报），2005（1）：40-42.

信息披露要求。2017 年年底，中国外商投资企业社会责任工作委员会发布实施《中国外商投资企业社会责任报告编写指南》（简称《指南》），专门针对外资企业履责和信息披露的规范化、标准化进行规定。其中，《指南》借鉴国内外企业社会责任和社会责任报告相关标准，内容涵盖环境在内的 8 大议题，① 要求外资企业社会责任报告的编写和发布要"遵循母公司全球统一的社会责任或可持续发展战略""中肯地披露外资企业在报告期内的正面和负面信息"，以"确保利益相关方对外资企业的整体业绩和可持续发展能力进行综合的了解和评价"②。特别是报告的编写方面，"以英国学者约翰·埃尔金顿（John Elkington）提出的'三重底线'理论为基础，按照经济、环境、社会三重底线进行框架搭建"③。其中，对于环境议题，《指南》明确要求"外资企业构建环境管理体系，实施节能环保举措，在自身生产、经营全生命周期中采取对应措施来减少或消除对环境的负面影响，推进企业绿色发展，保护和改善环境及生态，尽所能实现与自然环境的和谐共生"④。《指南》附录 2《通用指标体系表》中针对环境议题列出的核心指标也最多，⑤ 足见国家对外资进行环境规制的意图和决心。不过，值得注意的是，尽管环境信

---

①8 个议题分别是责任治理、合规、本地贡献、客户（消费者）、供应链、环境、员工、社区。

②参见《中国外商投资企业社会责任报告编写指南》（CEFI－CSR1.0）第 3 页。

③参见《中国外商投资企业社会责任报告编写指南》（CEFI－CSR1.0）第 8 页。

④参见《中国外商投资企业社会责任报告编写指南》（CEFI－CSR1.0）第 13 页。

⑤《指南》针对 8 个议题分别筛选出相应核心指标，其中"责任治理"的核心指标是10 个，"合规"7 个，"本地贡献"4 个，"客户（消费者）"9 个、"供应链"4 个、"员工"14 个、"社区"5 个。环境议题列出了 14 个核心指标，分别为：建立环境管理组织体系和制度体系；企业环境影响的识别、评价与标准认证情况，以及解决环境问题的情况和数量；环保支出及投资情况；内部环保培训情况及绩效；提升能源利用效率的措施；采用可持续的、可再生的、低环境影响的资源来补充或替代不可再生资源的措施及结果；水资源使用情况；水循环再利用以及中水循环使用所采取的措施与效果；提升水资源使用效率所采取的措施及结果；减少温室气体排放的政策、措施或技术和绩效；氮氧化物、硫氧化物和其他主要废气的排放情况，以及排放减少情况的政策、措施和绩效；减少废弃物排放的制度、措施或技术和绩效；保护生物多样性及对资源的持续利用的措施及成果；回收产品及其包装物料和绿色物流等降低产品和服务环境影响的政策和绩效。

息披露制度实施多年，外资企业披露的积极性一直不高，进行信息披露的外资企业其披露的环境信息的全面性和真实性也无从知晓，因为企业基于经济利益的考虑会产生美化环境信息的动机，而公众也难以确定其是否真的承担了环境责任。

鉴于此，政府应提高对外企履行环境责任披露情况的监管力度，使企业更积极主动地履行环境保护的责任。生态环境部于 2021 年 5 月印发实施的《环境信息依法披露制度改革方案》，明确规定到 2025 年基本形成环境信息强制性披露制度，但在此之前对企业的要求方面主要是延续之前的政策要求。因此，加强对"空窗期"外资环境信息披露的监管就显得尤为重要。一方面，监督外资企业按照《中国外商投资企业社会责任报告编写指南》编写独立报告，对于不真实、不完整披露相关信息的外资企业采取相应惩处措施；另一方面，可以引入独立的第三方专业机构对外资企业披露的环境信息质量进行检测，对政府监管进行补充。如此，才能使环境责任信息披露制度真正成为促使外资履行环境责任的"达摩克利斯之剑"，让外资企业尽快行动起来，而不是处于"旁观者"状态。①

（4）完善企业环境责任法律规范体系，加大环境监管执法力度

除了部分在华东亚外资企业履行环境责任较好以外，大部分在华外资企业的环境业绩并不理想，② 这与其母国及母公司执行较高环境标准的情形是极不一致的。在华外资企业之所以在履行环境责任方面"中外有别"，"与我国相关法律法规不完善，监管不严，企业违法成本低，让外资企业更倾向追

---

①根据企业社会责任发展指数，分为五个等级：卓越者，领先者，追赶者，起步者，旁观者。2009 年进入 100 强的 16 家外资企业中，仅华硕一家处于"追赶者"等级，10 家处于"起步者"等级；5 家处于"旁观者"等级。另据统计，2009—2019 年，中国 100 强外资企业社会责任发展指数由 7.1 增加到 17.9，总体呈上升趋势，但却大大落后于同时期的 100 强国有企业和 100 强民营企业，前者 2009 年和 2019 年的社会责任发展指数分别为 15.2 和 54.6，后者分别为 12.9 和 26。其中 2019 年的欧美企业社会责任发展指数平均得分仅 11.4 分，处于"旁观者"阶段。数据来源：《企业社会责任蓝皮书：中国企业社会责任研究报告（2009）》和《企业社会责任蓝皮书：中国企业社会责任研究报告（2019）》。

②参见《企业社会责任蓝皮书：中国企业社会责任研究报告（2019）》中的"2019 年外资企业 100 强社会责任发展指数国别比较"。

逐逐利本能有关"①。解决外资企业履行环境责任上的双重标准问题，需要从环境责任的立法和执法上下功夫。

①完善企业环境责任立法

如前所述，我国环境责任立法存在诸多不足，这成为外资企业未能较好履行环境责任的重要原因之一。对此，有学者建议针对企业社会责任进行专门立法，② 将环境责任纳入社会责任专门法中，③ 还有学者建议针对企业环境责任进行专门立法以适应低碳时代的发展。④ 本书支持进行企业环境责任专门立法，因为相较其他社会责任，企业环境责任的实施具有非同寻常的意义。实现经济社会的可持续发展就是要在保护环境中实现经济增长，而保护环境不仅意味着资源能源的节约和高效利用，更意味着生产过程中少排甚至不排环境污染物质，即清洁生产。这个过程，正是企业履行环境责任的表现和要求。从这个意义上说，经济社会的可持续发展最终落实到企业对环境责任的履行。企业履行环境责任程度如何，直接关系到经济社会可持续发展的实现程度，关系到国家和社会的"清洁度"。党的十八大第一次将"美丽中国"的生态文明建设目标写进了报告，十九大进一步提出了详尽的生态文明建设举措，包括提高污染排放标准、强化排污者责任、健全环保信用评价、信息强制性披露等，从而更加凸显了企业履行环境责任的重要性。进行企业环境责任专门立法正是对时代发展的回应。除了进行专门性立法，还要对《环境保护法》《公司法》《清洁生产促进法》等涉及企业环境责任的法律进行完善，法律条文不仅要"引导"企业履行环境责任，更重要的是要具有可操作性，使企业的环境责任目标能够落到实处。完善企业环境责任法律体系就是要增强法律规定的可操作性，就是要使企业能够根据"明明白白"的法

---

①太平，赵东麒. 在华外资企业履行社会责任影响因素实证分析——基于在华销售收入 100 强外资企业面板数据 [J]. 河北经贸大学学报，2014 (6)：124 - 129.

②较早提出进行企业社会责任专门立法的学者是易凌. 易凌. 建议制定《企业履行社会责任促进法》[N]. 中国社会科学报，2015 - 04 - 08 (A08).

③特别强调将环境责任纳入社会责任专门立法的学者是陈冠华. 陈冠华. 企业环境责任立法问题研究 [J]. 北京林业大学学报（社会科学版），2017 (3)：43 - 48.

④韩利琳. 低碳时代的企业环境责任立法问题研究 [J]. 西北大学学报（哲学社会科学版），2010 (4)：159 - 164.

律条文清清楚楚地安排节能减排和清洁生产活动，能够根据对表彰奖励制度的较为准确的预期决定履行环境责任的力度和进度，真正将环境责任目标落实到位。

②加大环境监管执法力度

加大环境监管执法力度能够更好促使外资企业履行环境责任。有学者通过实证分析发现："随着环境监管强度适度加强，为应对当地严格的环境标准，外资企业有更强的动机开发与应用绿色技术及优化外商投资结构"①，从而带来环境质量的改善。加大环境监管执法强度是一个系统工程，其中增强地方环境监管执法能力和强化部门之间的协调尤为重要。"加强环境监管执法，提高环境监管执法水平，关键在于地方"②，提高地方环境监管执法能力因此具有极为重要的作用。根据《指导意见》的规定，市级环保部门成为地方环境监管执法的核心力量，综合统筹协调区域内的环境监管执法工作。

提高地方环境监管执法能力，首先要增强市级环境监管执法机构的人力、物力和资金保障，确保环境监管执法具有坚实的物质基础。尤其要加强应急监测能力建设，因为环境污染事件的处理具有极强的时效性，如果没有及时准确的数据、先进的仪器设备以及训练有素的监管执法人员，就不可能对环境事故进行及时处理，环境安全也就得不到保障。因此，要完善环境监管执法人员的选拔和培训制度，提高执法队伍的专业化水平和办案能力；完善环境监管执法信息化建设，"在物力保障上，积极使用移动执法、卫星遥感、无人机、无人船等先进技术手段，提高环境执法信息化和智能化水平"③，打造一支素质过硬、装备精良、能够熟练处理环境污染事件的现代化环境监管执法队伍。

加强环境监管执法部门之间的协调合作，以解决监管执法效率低下问题。要赋予环境监管执法机构一定的协调权力，使其能够与林业、卫生、工商、电力等部门形成合力，实现对环境违法行为的全方位"围堵"。"对未经环保部门批复同意的企业，供电部门不得供电、建设部门不得办理建设许可

---

①周杰琦，汪同三. 外商投资、环境监管与环境效率——理论拓展与来自中国的经验证据 [J]. 产业经济研究，2017（4）：67 - 79.

②黄德生. 地方环境监管执法如何优化？[N]. 中国环境报，2015 - 10 - 21（2）.

③陈瑾，程亮，马欢欢. 环境监管执法发展思路与对策研究 [J]. 中国人口·资源与环境，2016（5）（增刊）：509 - 512.

证、国土部门不得核发土地使用证、安全部门不得核发安全生产许可证、工商部门不得核发营业执照、银行不得授予信贷"①，共同破解长期存在的环保部门监管执法势单力薄、各部门之间消极应付的执法不力局面。此外，部门之间的协调合作还要进一步扩大范围，要根据《指导意见》的要求，"推行跨区域、跨流域环境污染联防联控，加强联合监测、联合执法、交叉执法"②，构建更大范围的环境监管执法联动体系。

不过，在此过程中，要把握好针对外资的环境监管执法强度的适度性，不能根据外资企业履行环境责任的"能力"大小人为拔高环境监管执法强度。尽管提高环境监管强度能够使外资企业更好履行环境责任，但若环境监管执法强度过大，就很难达到预期目的。因为过高的环境执法强度会增加外资企业的排污成本，逼迫后者扩大隐形经济③规模，从而造成更大范围和更高程度的污染。④ 因此，环境监管执法的强度必须"适度"，才能引导外资企业稳健地履行环境责任。实践中，在华外资企业的节能减排、废物综合利用及清洁生产水平普遍高于国内企业，也更有能力较好履行环境责任。但其基于逐利考虑而放低环保标准，造成环境污染和破坏的不断加剧。加大对外资企业环境监管执法力度，不能用外资企业"应该达到的标准"提出要求，而要适用统一的环境标准，如此才能使外资企业在环境监管执法强度加大的情形下"心甘情愿"地履行环境责任，推动环境质量的不断改善。

二、环境法治与中国海外投资

（一）中国海外投资蓬勃发展

随着中国经济实力的增强，其海外投资规模也不断扩大，这种发展趋势在 21 世纪后更加突出。2002 年，中国累计实现对外非金融类直接投资

---

①王金南，秦昌波. 国家生态环境监管执法体制改革方案研究 [J]. 环境与可持续发展，2015（5）：7-10.

②参见《关于深化生态环境保护综合行政执法改革的指导意见》。

③又称隐形经济或地下经济，是在政府管理、监督之外的各种经济活动的总称。

④余长林，高宏建. 环境管制对中国环境污染的影响—基于隐性经济的视角 [J]. 中国工业经济，2015（7）：21-35.

299.2亿美元，到2012年达772.2亿美元，10年间增长了158.1%。[1] 2015年3月28日，国家发展改革委、外交部、商务部联合发布《推动共建丝绸之路经济带和21世纪海上丝绸之路的愿景与行动》，"一带一路"倡议正式启动，由此带动中国海外投资走上了快速扩张之路。2015年，中国累计实现对外非金融类直接投资1180.2亿美元（7350.8亿元人民币[2]），其中对"一带一路"沿线国家的直接投资额为148.2亿美元。近年来，尽管全球范围内国际直接投资呈大幅下滑之势，中国海外投资的发展仍表现不俗。2018年，中国累计实现对外非金融类直接投资1205亿美元（7974亿元人民币），其中对"一带一路"沿线国家的直接投资额为156.4亿美元。2020年以来，受疫情影响，全球国际投资出现大幅萎缩，中国海外投资虽受冲击，但仍发展稳健。2020年，中国境内的投资者共对全球172个国家和地区的6790家境外企业进行了非金融类直接投资，累计投资1101.5亿美元（7597.7亿元人民币），其中对"一带一路"沿线58个国家非金融类直接投资177.9亿美元。至2021年1—6月，中国对外非金融类直接投资累计539亿美元（3488.3亿元人民币），其中对"一带一路"沿线55个国家非金融类直接投资95.8亿美元（620亿元人民币）。[3]

中国对外投资发展数据表明，最近20多年是中国海外投资大发展时期。其中，对"一带一路"沿线国家的直接投资更是进入发展快车道。正如以上数据所显示，即便在疫情阴影笼罩的2020年、全球国际投资以及中国对其他区域直接投资呈下降之势的背景下，中国对"一带一路"沿线国家的直接投资仍呈增长之势，堪称奇迹。

（二）中国海外投资中遇到的环境问题及出现原因

中国海外投资加速发展的过程中，与东道国之间因环境问题产生的争端时有发生，不仅引起国际社会的广泛关注，更是被部分西方媒体冠以"中国环境威胁论"进行宣传，对中国投资的国际化进程造成一定程度的负面影响。2015年以来，中国海外投资尤其是对"一带一路"沿线国家的直接投资

---

[1]根据商务部对外投资和经济合作司的统计数据整理。

[2]人民币与美元折算率为2015年平均汇率：1美元＝6.2284元人民币。

[3]资料来源：商务部对外投资和经济合作司的统计数据。

虽然保持稳健发展，但扩张态势明显放缓。其中，不仅有较为复杂的国际政治、经济等客观原因，也有中国企业自身的原因。就环境方面而言，主要体现为以下两个方面：

1. 企业自身的原因

(1) 部分海外企业没有履行好环境责任

由于中国现代化进程的初期阶段采取了粗放式经济发展方式，对环境问题不够重视，导致部分企业环境意识淡薄。"特别是一些企业在国内就表现出缺乏保护环境的意识，片面追求经济利益。走出国门之后也未及时建立有效的环境管理体系。"[1] 例如，中国最大的矿产金生产企业——紫金矿业，其海外投资战略目标非常明晰："在进行海外资源开发工作中，以追求企业利益最大化，统筹股东利益及其他利益为目标。"[2] 作为追求利益最大化的"经济人"，这本无可厚非，但在实现利益最大化的过程中兼顾社会利益比如环境保护，却是对企业的基本要求，但紫金矿业对此显然认识不够。早在 20 世纪 90 年代，紫金矿业的经营活动就已经对环境造成了污染和破坏，[3] 2010 年 5 月环保部"通报批评的 11 家存在严重环境问题的上市企业中，紫金矿业再次名列'榜首'，其旗下竟有 7 家公司存在环境问题"[4]。

紫金矿业是中国出海企业履行环保责任状况的缩影。前述，中国海外投资地主要是在东南亚、中亚、非洲和南美洲，投资地所在国经济发展水平普遍较低，但"这些发展中国家的环境意识非常强烈，其环境标准正趋近于国际主流"[5]。为此，部分出海企业采用较高的国际标准以适应东道国政府的环境要求，但也有相当一部分海外企业对此显然没有正确的认识，在从事相关投资活动时不仅主观上怠于履行环境责任，客观上对当地环境保护意识也未

---

①毛显强，刘峥延，刘菲. 中国对外投资面临的环境风险及管理探析 [J]. 环境保护，2013 (14)：52-54.

②李志林. 紫金矿业集团的海外投资 [J]. 世界有色金属，2013 (6)：26-30.

③林玉锦. 浅谈上杭紫金山矿区的环境地质问题 [J]. 福建地质，1998 (2)：101-105.

④徐琦. "紫金谜团"雾重重 [N]. 中国环境报，2010-07-22 (1).

⑤蓝虹. 中国海外投资对东道国环境和社会的影响 [J]. 中央财经大学学报，2013 (7)：65-71.

能给予充分尊重。综观中国海外投资因环境问题受挫、受损的，基本都与违反投资地环保法律法规相关。

（2）部分海外投资地区和行业属于环境"敏感型"①

中国海外投资拓展速度较快。截至 2019 年年底，非金融类直接投资存量已达 1944.3 亿美元。自 2003 年中国有关部门权威发布年度数据以来，中国已连续 8 年位列全球对外直接投资流量前三，其中 2019 年流量是 2002 年的 51 倍。不过，值得注意的是，中国海外投资的行业和地区呈不均衡发展之势。截至 2019 年年底，中国对外非金融类直接投资存量排在前五位的行业是：租赁和商务服务业；批发和零售业；信息传输和软件信息技术服务业；制造业；采矿业。其中，采矿业尽管 2016 年以后出现下滑，增速放缓，但从投资存量上看仍非常可观，2019 年达 1754 亿多美元。制造业投资存量由 2011 年的近 270 亿美元，年年攀升，到 2019 年年底达到约 2001.4 亿美元，2019 年排在前三位的制造业分别是汽车制造、化学纤维制造和有色金属冶炼和压延工业。其中较易造成污染的有色金属冶炼和压延工业在中国海外制造业投资中所占比重不断走高：2017 年排在第 12 位，2018 年排第 7 位，到 2019 年已攀升到第 3 位。

从投资的地区分布上看，排在前三位的是亚洲、拉美和北美洲。从投资存量上看，针对亚洲的投资中采矿业和制造业基本都排在前五位；针对拉美的投资，除了个别情况，采矿业均排在前五位；针对北美的投资，制造业和采矿业分别排在第一位和第四位。此外，尽管针对非洲的投资流量不是太大，但其中采矿业一直居于首位或排在第二。此外，针对欧洲的投资中采矿业和制造业排在第一位和第二位。而针对大洋洲的投资中采矿业基本排在第一位，制造业一直排在前五位。众所周知，采矿业属于环境敏感行业，制造业对环境的负面影响也极大，上述中国海外投资分布无疑极易引起环境问题，给企业带来相应损失。

（3）对投资所在地缺乏充分投资环境风险评估

在很长一段时间内，中国现代化的发展走的是"先污染后治理"的路

---

① 数据来源：2017 年度中国对外直接投资统计公报、2018 年度中国对外直接投资统计公报、2019 年度中国对外直接投资统计公报。

子，环境监管执法的核心任务就是污染治理的监管执法。预防污染、企业环境责任等理念没有在企业包括海外投资企业中形成主流，经济效益优先的理念在很大程度上仍左右着相当一部分海外企业的发展策略。其结果是投资所在地的生态环境利益很大程度上被忽视，企业没有在前期的投资风险评估中进行适当环境评估就大规模投资。一旦环境争端出现，海外企业就出现解决乏力的尴尬局面。"任由污染蔓延可能会造成更加严重的危害，届时企业面临的环境风险将会被进一步放大。"[①]

　　海外投资企业对环境风险评估不足，也许与主观重视程度有关，但环境风险评估"技术"不够成熟应该是众多企业面临的一个问题。对投资进行环境风险评估是一个技术性较强的系统性工作，首先，它要求企业对潜在的环境危险进行识别，并对环境危险的类型以及可能的危险程度进行定性、定量分析，而该问题的解决不仅仅是依靠企业的经验判断，更多的是借助专业知识来完成。其次，环境风险评估要求企业对引发环境危险的因素以及环境事故造成的后果进行考量与分析。其中，对引发或诱发环境事故发生的因素进行考量是环境风险评估中非常重要的一环，因为该环节的实施有利于企业针对可能的环境事故提前做好预案，防患于未然。而对环境事故造成的后果的评估直接决定了投资可行性的判断，这种后果包括环境事故对企业造成的负面影响，也包括对母国造成的负面影响，涉及对企业经济利益损失的计算以及对母国包括国际形象在内的综合影响的全面衡量，该过程同样需要具有专业知识的人员进行推理、模拟才能完成。再次，环境风险评估要求企业针对可能发生的环境风险做出应对方案，以避免或降低环境事故发生的概率。应对方案必须具体，比如处理环境事故的应急计划和预案"应至少包括应急工作的组织安排、应急响应与报告程序、紧急磋商与对话策略和规范、企业财产及人身安全保障计划与措施、舆情监控和应对策略、政府及非政府组织信息通报等"[②]，该环节内容的设计要求极高，因为一旦发生环境事故，留给企

---

　　①中债资信评估有限责任公司，中国社会科学院世界经济与政治研究所. 对外投资与风险蓝皮书：中国对外直接投资与国家风险报告（2017）[M]. 北京：社会科学文献出版社. 2017：297.

　　②陈明，王长明，郑静. 海外投资项目环境风险评估研究 [J]. 国际经济合作，2014（5）：70-75.

业应对局面的时间非常有限，此时应急计划和预案的策划就显得尤为重要。

因此，环境风险评估实际上是属于工程科学领域中的一门社会技术，它"不是简单地进行事前或事后评价，而是对未来可能出现问题的预测、减缓等，是一种面向未来的定向性决策型的探索性活动，其成果是或然性的预报，其视野远比传统的危机管理要宽，要全面"①。而大多数海外投资企业正因为"技术"上的欠缺，并不能进行充分的环境风险评估，从而导致环境风险的频频发生。

2. 东道国的原因

东道国因素有两个方面：政府对外资企业环境规制不够完善；社会力量的影响。

（1）政府对外资企业的环境规制不够完善。综观中国海外投资造成环境污染问题、遭遇环境污染事故情况，可以发现，环境问题主要集中于面向东南亚、非洲、拉美等地区的投资。这些区域内的国家均属于经济相对落后的发展中国家，经济发展愿望强烈。在其初期的外资政策中，主要是提供吸引外资的优惠政策，对外资的环境规制较少，这导致外资企业尤其是高污染企业对当地环境的污染和破坏。随着经济实力的不断发展，改善环境质量问题提上日程，东道国开始强化对外资企业的环境规制，从而导致"环境问题"的产生。例如缅甸，1988 年发布了《缅甸联邦外国投资法》，以"开发国家的丰富资源，以尽量满足人民生活的需要和出口多余的产品"②，并对税收方面的优惠进行了专门规定：从开业的第一年起，连续三年免征所得税；生产企业的产品运输国外所得利润的 50％ 减征所得税；等等。③ 该法除了要求外资企业"遵守国家现行的其他有关法律"外，没有针对环境问题设置任何限制。2012 年，缅甸颁布新外资法——《缅甸联邦共和国外商投资法》，在第二章明确将有害人民健康的项目、破坏自然环境和自然规律的项目、给国家带来有危险或有毒废弃物质的项目、生产国际公约认定的有害化学品的工厂或使用化学品企业列为限制或禁止的项目，并在第四章确立了外国投资的基

---

① 钱洪伟. 环境风险评估的技术本质 [J]. 能源环境保护，2010 (5)：1-7.
② 参见 1988 年《缅甸联邦外国投资法》"关于缅甸外国投资法的说明"。
③ 参见 1988 年《缅甸联邦外国投资法》第 10 章。

本原则，包括：开发新能源、基础生物新能源及再生性能源；保护环境；保障能源及资源的短期和长期内需。此外还在第八章"投资人的义务和权利"中特别强调投资要"依照与项目相关的现行法律，不破坏环境"。2016年，缅甸外资法进一步升级，其第二章"宗旨"明确将"为了国家与国民的利益，发展不损害自然环境与社会环境，且有责任感的投资项目"置于首位；第41条所列的六类禁止投资项目有三类与环境有关，分别为"往国内输入或产生有危险性、毒性废弃物的投资项目""对人民造成危害的投资项目"和"对自然环境与生态系统造成巨大损害的投资项目"；第65条规定的投资者的责任更是强调"投资项目需遵照现行法律、实施细则、惯例及国际通用的最优标准，避免自然环境、社会环境及文化遗产遭到破坏"，外国投资者的环境标准大大提高。上述缅甸外资法对外资环境规制从无到有、不断升级的过程有利于促进其经济社会的可持续发展，但对于在其境内从事投资活动的外资企业来说要应对比较频繁的环境规制的变化，的确是个不小的挑战。尤其是当东道国与环保相关的社会力量参与之后，就更易于引发外资企业的环境问题。

（2）东道国社会力量的影响

环保组织的影响是一个不可忽视的因素。尽管中国海外投资地东道国几乎都是经济较为落后的发展中国家，但部分国家的民众环保意识强烈、环保组织力量强大，从而在面对可能造成当地环境污染的外来投资时会做出迅速反应，对外资污染行为进行阻止与抵制。中国企业在秘鲁的铜矿开采业屡遭阻碍就是个典型的例子。2014年3月，中国铝业在秘鲁的投资项目——特罗莫克铜矿项目建成投产仅3个月就被秘鲁政府叫停，起因则是秘鲁的环保组织OEFA发现该铜矿排入当地湖泊的废弃物中含有污染物。从OEFA发表的声明看，中国铝业是在2014年3月16日至20日进行了污染物的排放，而该环保组织之后就迅速做出了反应，其环境监管的严密性和对政府的影响力可见一斑。

东道国独特的文化与理念在中国海外企业环境问题中扮演着重要角色。比如中国企业在秘鲁的矿业投资无一不受到环境问题的干扰，就与秘鲁独特的历史文化和生活理念密不可分。由于秘鲁具有得天独厚的矿产资源优势，20世纪90年代以来，首钢、中石油、中铝集团、紫金集团、五矿集团等纷纷在秘鲁进行投资。但上述投资在其后续运营过程中频频遭到当地居民的环境质疑与阻挠，究其原因，是由于在人口结构上，印第安人占据秘鲁人口的较高比例，这对中国海外企业环境问题产生了直接影响。因为在秘鲁的殖民地时期，西班牙殖民者在矿区推行强制劳役制度，印第安人因此深受其害，这使秘鲁的矿业活动自始便深深打上强制劳役的印记而留存在印第安人的文化中，导致印第安人对采矿活动的本能排斥。此外，印第安人在传统上一直秉持"美好生活"的哲学理念，强调人与自然的和谐相处，认为人类无权为牟取私利而攫取自然资源，甚至愿意以牺牲经济发展为代价换取环境保护。因此，当政府为了发展经济而吸引外资开采自然资源时，正是戳中了印第安人的"痛点"，于是后者便采取措施对抗外资开采活动，环境问题也就在所难免。

3. 中国对海外企业的环境监管不完善

客观地讲，中国企业在实施海外市场拓展战略中需要母国政府的环境规制，以确保投资活动尽可能降低可能的环境风险。对此，在早期海外投资频频遭遇环境风险并影响到中国国际形象后，中国政府也认识到对海外投资进行环境规制的必要性和重要性。2005 年，商务部发布的《境外投资开办企业核准工作细则》第八条要求："关于境外投资涉及履行有关国际协定义务，在核准中应重点把握以下方面：……（三）与环境保护和濒危动植物保护有关的国际协定；（四）与食品安全有关的国际协定"①，初步体现了对环境问题的关注。2007 年，国家林业局和商务部组织制定了《中国企业境外可持续森林培育指南》，规定了可持续森林培育应遵循的原则，以及中国企业为实现可持续森林培育应达到的基本要求。另外，为了配合对海外企业的环境规制，"中国进出口银行于 2004 年通过了环境指引，并于 2007 年 9 月得到进一步强化"②。2014 年，商务部颁布实施的《境外投资管理办法》第 20 条敦促企业履行社会责任，做好环境工作，推动境外投资可持续发展。③ 2017 年的《企业境外投资管理办法》第 41 条特别倡导投资主体"履行必要社会责

①参见《境外投资开办企业核准工作细则》第 8 条。

②龙凤，葛察忠，等. 中国对外投资和援助中的环境保护 [J]. 环境保护，2009 (1)：66 - 68.

③参见《境外投资管理办法》第 20 条。

任、注重生态环境保护、树立中国投资者良好形象"①。2018 年，商务部等七部门联合印发《对外投资备案（核准）报告暂行办法》，要求境内投资主体向相关主管部门定期报送保护资源环境、履行社会责任的信息。② 此外，商务部还联合有关部门发布了直接针对境外投资环境问题的规范性文件，如2013 年的《对外投资合作环境保护指南》和《对外投资合作和对外贸易领域不良信用记录试行办法》、2017 年的《推进绿色"一带一路"建设的指导意见》、2021 年的《对外投资合作绿色发展工作指引》等都对海外投资环境责任履行问题提出了要求和规范，对中国海外投资的绿色化发展具有极为重要的引导和规范作用。

然而，尽管中国政府已在构建海外投资环境监管体系上做出努力，出台了数量众多的规范性文件，但"这些法律法规没有规定具体的环境保护标准和具体要求，所以，当相关机构在审查和批准海外投资时必然缺乏可操作性"③。一个缺乏操作性的环境规制体系就像是一只没有牙齿的老虎，当前针对海外投资环境问题的规制之"虎"亟须装上具有威慑力和杀伤力的"牙齿"。

4. 西方国家采取的双重标准放大了中国海外企业的环境污染问题

客观地说，任何自然资源开采、商品生产活动都会造成环境的污染和破坏，只不过程度会有所不同。如今的西方发达国家之所以"发达"，之所以环境标准较高、环境质量较好，是因为其已经走过了"先污染后治理"的路子，换言之，发达国家今天的"清洁"环境是建立在曾经的大规模环境污染与破坏的基础之上。而且，这种污染破坏并不局限于发达国家境内，而是在全球范围内对所有落后国家与民族自然资源的掠夺与剥削。西方国家的发达史，就是一部资本主义国家全球市场建立与发展的历史，它伴随着殖民体系在全球的建立与拓展，并同时带来发展中国家自然资源的肆意掠夺与破坏。二战之后，尤其是 20 世纪 70 年代后，政治上独立的广大发展中国家为了发

---

① 参见《企业境外投资管理办法》第 41 条。

② 参见《对外投资备案（核准）报告暂行办法》第 17 条。

③ 韩秀丽. 中国海外投资地环境保护：母国规制方法 [J]. 国际经济法学刊，2010 (3)：138－146.

展经济大力吸引外资流入，彼时深受环境污染之苦的西方发达国家便将高污染、高能耗产业转移到亟须外资发展经济的落后国家和地区，而本国则执行较为严格的环境标准，并进行产业结构的升级。时至今日，发达国家在广大发展中国家的大量高污染产业仍在运转，而同时其国内已经实现了环境质量的高度改善。

任何事物的发展都有一个过程。苛求发展中国家与发达国家承担同样的环境责任，不仅不公平，而且不现实。众所周知，一国的环境标准与其经济实力呈正相关，需要技术和财力做支撑。无论是减排节能、清洁生产，还是废弃物的综合利用，没有先进的环境技术是不可能实现的。而这些先进的技术基本垄断在发达国家手中，发展中国家无法轻易取得。因此，众多发展中国家一边引进高污染型外资，一边进行环境技术的研发，而这必然是一个充满艰辛与挑战的过程。

然而，西方国家在享受着良好环境质量的同时，却对发展中国家的"污染行为"大加指责，尤其是中国这样的发展中大国更是时常成为西方国家抹黑的对象。它们对发达国家企业在发展中国家造成的环境污染视而不见，但对中国海外企业的环境行为保持高度关注，认为"中国海外投资对全球气候进步造成威胁"①，更有媒体和学者宣扬"中国环境威胁论"，渲染和放大中国海外企业的环境污染问题，真是典型的双重标准。

(三) 中国为应对海外投资环境问题而应采取的措施

1. 加大对"一带一路"沿线国家国情的系统深入研究

综观当前国际投资争端的产生原因，主要是由东道国采取规制措施所导致。而东道国采取规制措施的原因尽管多样化，但基于安全或环境原因而对外国投资进行限制却成为近年来国际投资争端的明显趋势。其中，涉环境投资争端的产生既可以由东道国政府自主发起，也可因投资地居民基于外资破坏当地环境的担忧而推动政府采取环境规制措施所致。企业要想对后一种情况有所警惕或预防，使投资活动顺利进行，就必须在投资之前对投资地各种情况了如指掌。但要求海外投资企业对投资地（多数情况下不止一个）的发

---

① Isabel Hilton. How China's big overseas initiative threatens global climate progress. Yale Environment 360. JANUARY 3,2019.

展历史和文化习俗进行细致调查和分析无疑会加重投资企业的负担，因为这种工作需要组织相当的力量进行调查与研究，显然不是企业所擅长的。基于此，建议在国家层面加大对"一带一路"沿线国家"概况"的细化、深化研究，为企业在"出海"前进行的投资风险评估提供较为详尽的资料。"要将'服务型政府'的角色落实在海外投资领域，在国内企业'走出去'过程中，帮助企业了解投资母国法律、风俗、环境等情况，对投资企业提供自身保护手段以外更加专业化的服务机制。"① 比如，可以在国家社科基金项目中设立针对"一带一路"沿线国家国情研究的特别项目，要求这类项目不能局限于"概述"性的介绍，而是要将所涉国家国情的方方面面进行地毯式搜集与整理。必要情况下，可以在中国驻投资地使领馆设立"项目组"性质的研究机构，机构人员由精通当地语言、熟悉投资业务的学术骨干组成，对所在国家各地情况进行全面深入调查与研究，并对民间的舆论倾向与思潮进行跟踪与分析。新形势下，"情报"的全面性和准确性在某种程度上决定了后期行动的成功率。要想使中国海外投资企业摆脱盲目投资局面，为其提供精准的"情报"是至关重要的一步，而在这方面，企业背后的国家责无旁贷。

特别是，为了让企业更为方便、及时地获取所需资料，建议国家在基础性"国情资料"调研成果完成后，将成果进行梳理并编入《对外投资合作国别（地区）指南》，供海外投资企业采用和借鉴，并在后期及时向海外投资企业发布"一带一路"沿线国家与投资相关的民间动向，以便及早做出预案，避免投资受挫、受损。

2. 加强对海外投资企业履行环境责任的约束力

传统上，跨国公司在东道国遭遇的环境问题通常有两种解决途径：在东道国解决；通过国际争端机构解决。上述两种解决方式，外资企业母国基本处于"旁观者"地位，这种情形虽然有利于防止母国（特别是发达国家）对争端解决进行干涉从而损害东道国的利益，但争端解决过后投资企业能否严格约束自己、自觉履行环境责任还是个未知数。事实上，从投资企业角度来说，解决环境问题的最好办法是避免环境问题的产生。通常情况下，这要取

---

① 洪伟光. 论"一带一路"倡议下我国海外投资环境风险的法律保护 [J]. 浙江万里学院学报，2018（2）：24-29.

决于两个因素：投资企业是否履行了环境责任；东道国是否规范地行使了环境规制权。对于前者，其结果如何往往要看东道国的环境标准及其母国的环境规制情况，单纯靠投资企业自觉履行环境责任的想法不太现实，否则无法解释大型跨国公司甚至是世界 500 强在包括中国在内的发展中国家造成的环境污染和破坏，同样也解释不了部分中国海外企业在"一带一路"沿线国家进行的违规排放污染物行为。实践中，因未履行环境责任而引起的涉环境投资争端均有两个突出特点：一是东道国的环境标准低于投资者母国的环境标准；二是东道国多为发展中国家，且环境监管执法松懈。环境标准相对较低容易诱使外资企业"躺平"，缺乏节能减排、追求清洁生产、提高废弃物综合利用效率的动力；环境监管执法松懈给外资企业为实现利润最大化降低环境标准、违规排放提供了"可乘之机"。在此情况下，投资者母国若能对其海外投资企业进行硬性环境规制，在履行环境责任方面设立明确标准，无疑会对投资企业环境责任的履行产生威慑作用，从而在相当程度上预防涉环境投资争端的产生，这不仅有利于海外企业的良性运作，更有利于提高母国在环境保护方面的国际形象。

据此，建议从国家层面出台规制海外企业环境影响行为的法律规范，加强对海外投资企业履行环境责任的约束力。2013 年，商务部和环境保护部联合发布《对外投资合作环境保护指南》（简称《指南》），以规范海外投资的环境保护行为，"及时识别和防范环境风险，引导企业积极履行环境保护社会责任"，并"支持东道国的可持续发展"①。但同时又明确规定："本指南适用于中国企业对外投资合作活动中的环境保护，由企业自觉遵守。"② 显然，《指南》对海外企业履行环境责任的约束是非强制性的。既然是非强制性文件，企业就可以遵守也可以不遵守，其能否发挥规范作用从而实现《指南》制定的初衷全凭海外投资企业的意愿。事实证明，《指南》的约束力微乎其微，因为《指南》出台后并没有使中国海外投资的环境问题有彻底改观，海

---

①参见《对外投资合作环境保护指南》第 1 条。
②参见《对外投资合作环境保护指南》第 2 条。

外投资企业因污染投资地环境受挫情况仍不时出现。①

因此，依靠企业自觉自愿履行环境责任很难从根本上解决中国海外投资环境问题。比较现实的解决办法是"从立法层面升级对跨国企业海外投资行为的规制，不必担心严格的监管措施可能会增加跨国企业海外投资的成本，损害企业竞争力"②。硬性的环境规制或许会导致海外企业成本增加、盈利减少，但从长远来看，却能为企业谋取更大发展铺平道路。因为一个具有强烈社会责任感和先进技术的投资企业，无论何时都会在竞争中占据优势，受到投资接受国的青睐。通过硬化环境责任，助力海外企业"破茧成蝶"，是中国打造绿色"一带一路"的重要一环。

从立法上对海外企业履行环境责任进行规制或许会存在中国国内法域外适用的忧虑，但"只要不干涉他国主权，不与他国的管辖权相冲突，一国的某些国内法可以在外国适用于本国国民、公司或本国控制的公司"③。

3. 进一步优化海外投资行业布局

《巴黎协定》后，国际社会进入节能减排新时期。中国海外投资传统行业因其高污染性面临严峻挑战，如何对海外投资行业进行重新布局，以适应低碳时代发展的要求是当下中国必须解决的一大问题。2021 年 7 月，商务部、生态环境部联合发布《对外投资合作绿色发展工作指引》（简称《指引》），强调："对外投资合作只有践行绿色发展理念，才能成为提升国内国际双循环质量的重要支撑，才能在开放发展中发挥关键作用，才能在国际合

---

①一个典型的例子是，2013 年 2 月，《指南》发布；同年 12 月中国海外最大铜矿项目——中铝秘鲁特罗莫克铜矿投产仪式在秘鲁首都利马举行；2014 年 3 月，该矿因施工生产中破坏当地环境被叫停。但该公司 2014 年的《社会责任报告》却称"以健康、协调、可持续发展为己任，将生态环境建设、管理和保护纳入企业经营管理全过程，着力建设绿色矿山，发展生态中铝"，且该公司 2008 年就加入联合国全球契约，做出践行环境责任的承诺。

②中债资信评估有限责任公司，中国社会科学院世界经济与政治研究所. 对外投资与风险蓝皮书：中国对外直接投资与国家风险报告（2017）[M]. 北京：社会科学文献出版社，2017：300.

③韩秀丽. 中国海外投资地环境保护：母国规制方法 [J]. 国际经济法学刊，2010（3）：138-146.

作与竞争中赢得主动",从而确定了中国海外投资未来发展的道路,从侧面体现出对海外企业进行环境规制的重要性和必然性。为此,《指引》"支持太阳能、风能、核能、生物质能等清洁能源领域对外投资,参与全球能源生产和消费革命,构建清洁低碳、安全高效的能源体系"①,这些列出的行业应是未来中国海外投资的方向。至于传统的化石燃料类能源投资以及高污染制造行业投资,《指引》没有纳入,但 2017 年由中国绿色金融委员会、环保部对外合作中心等七个机构联合发布的《中国对外投资环境风险管理倡议》提出要"高度重视采矿、火电、基建、钢铁、水泥、建材、化工、纺织印染等项目可能带来的环境影响",并"利用环境风险分析工具,充分识别和评估所投资项目对大气、水、土壤和森林等环境要素的潜在影响,有效管理这些风险"②。再结合《指引》的精神,对海外投资中的传统高污染行业应是"推动绿色生产和运营",推动企业积极履行环保责任,严格遵守东道国法律法规,促进当地经济社会和生态环境协调发展。通过推动上述行业履行环境责任,实现传统重污染行业的"华丽转身",优化中国海外投资布局。

不过,《指引》提出的要求是:"由企业自觉遵守,同时适用于地方商务主管部门和生态环境部门对企业开展对外投资合作进行相关指导和服务。有关单位可在工作中参考。"事实上,《指引》对海外投资绿色化的规划是宏观而抽象的,企业"自觉遵守"的可能性不大。因此,《指引》所确定的海外投资行业布局的优化首要看地方商务主管部门和生态环境部门如何"指导与服务",要看有关单位在工作中如何"参考"。为使《指引》能够真正发挥指引的作用,建议尽快出台相关配套措施,落实"指导与服务"的内容与程序,明确"参考"的内涵与方案。如此,中国海外投资才能尽快走上绿色化道路,行业布局才能尽快得到优化。

4. 完善海外投资环境风险评估机制

从中国海外投资因环境问题受挫的实践看,环境风险不仅包括投资地东道国的环境法律法规,还包括投资所在地风俗习惯、文化传统等风险,其中后者的威力往往更大。中国海外投资实践表明,企业更为重视的是对投资地

①参见《对外投资合作绿色发展工作指引》。
②参见《中国对外投资环境风险管理倡议》。

环境法律法规的事前调查，基本不会对投资地的历史文化传统、政治制度等问题予以关注。这种疏漏暴露了中国海外企业在环境风险评估方面的薄弱性，环境风险评估不够深入，缺乏系统性。这导致在投资运行过程中，由于企业的环境意识淡薄，因而更有可能导致海外投资企业频频遭遇环境问题，严重者直接导致投资项目的搁浅或取消。在秘鲁投资矿业的首钢、紫金和中铝自投资开始运营之日起，就不时面临来自当地环境问题的困扰，甚至因此引发当地的抗议活动，便是如此。

环境风险评估是一项技术性较强的工作，涉及环境风险的识别、环境风险分级管控机制的建立、重大环境风险管控方案的制定等。尽管国家于 2014 年发布了《企业突发环境事件风险评估指南（试行）》（环办〔2014〕34 号），并于 2018 年颁布了《企业突发环境事件风险分级方法》，但由于其适用范围有局限性，"目的是从政府角度对企业进行分级管控"①，且针对的仅是突发环境事件的风险评估，因此对海外投资环境风险评估机制的完善意义不大。事实上，以往海外投资遭遇的环境问题极少是突发环境事件，而主要是海外投资企业的排污标准没有达到东道国的要求，甚至企业尚未排污、当地民众或环保组织仅是"担心"投资项目会污染当地环境而采取阻挠行为而导致的。如此，海外企业的环境风险评估就不能仅仅局限于针对突发环境事件进行风险评估，还必须结合投资地与环境有关的所有信息资料进行分析，识别出哪些因素会成为引发环境问题的风险源，并对可能发生的环境问题及严重程度进行预判，进而制定出一套操作性极强的应对方案。显然，该过程需要极强的专业知识作为支撑，这是海外投资企业难以实现的。

同时，中国有很多学者和机构对环境风险评估进行研究，2019 年对外经济贸易大学国家对外开放研究院与国家相关部门还成立了共建机构——国家风险研究中心，旨在拥有与英美匹敌的国家风险研究评估能力，服务于中国国家战略和"一带一路"建设。不过，作为一个研究中心，其专家构成基本都是高校学者，受研究条件的限制，其研究的对象主要是二手资料，即来自网络或国际机构发布的信息资料，且囿于资料的非一手性，研究的针对性、

① 杨洋洋，谢谚. 石化企业环境风险评估及管控研究 [J]. 安全、健康和环境，2020（10）：30－33.

实用性欠缺。其他机构研究环境风险评估的学者情况也大致如此。

鉴于此，建议根据国家战略和海外投资发展的需要，将目前环境风险评估研究队伍进行整合，可以按投资行业，也可以按投资区域对环境风险评估研究队伍进行专业化分工。同时，打通研究队伍与海外投资实践之间的壁垒，实现二者的有机结合。"如果不能打通企业与研究机构之间的信息交流屏障，就无法形成高效、准确且符合企业市场化需求的风险研究产品。"① 如此，专业研判与行业和区域实际相结合，才能使企业环境风险评估得以高质量完成。

三、中国国际投资协定中环境条款的完善

中国涉环境国际投资问题的解决方式包括两个方面：一是国家层面对外国投资和海外投资的环境规制；二是国际层面由东道国与投资者母国通过双边投资协定环境条款对环境问题的产生和处理进行预防和安排。第一个方面已在前述内容详析，在此从国际层面论述中国国际投资协定环境条款的完善对策，以服务于中国对外资企业的环境规制及海外投资环境问题的解决实践。

（一）当前中国国际投资协定中环境条款存在的不足

20 世纪 80 年代以来，随着可持续发展理念的确立和发展，国际投资也走上了"绿色化"之路，世界范围内的双边投资协定规定环境条款逐渐形成一股潮流。显然，环境条款就是要通过在投资协定中规定环境保护内容，将投资者的私益与环境保护的公益结合起来，实现投资的可持续发展。不过，综观中国缔结的双边投资协定环境条款，其存在的若干问题与不足导致环境条款没有发挥出应有的作用。

1. 大多数双边投资协定中环境条款缺位

双边投资协定中的环境条款有三种表现形式：序言条款；例外条款；专门条款。前述，美国双边投资协定范本（2012 版）代表了当今双边国际投资

---

①中债资信评估有限责任公司，中国社会科学院世界经济与政治研究所. 对外投资与风险蓝皮书：中国对外直接投资与国家风险报告（2017）［M］. 北京：社会科学文献出版社，2017：301.

协定环境条款的最高水准，因此，一个比较成熟的双边投资协定应该是其序言、例外条款和专门条款均能体现环境保护方面的安排。在某种程度上，一国双边投资保护协定环境条款的发达程度是该国环境保护水平的反映，也代表其对国际投资可持续发展问题的立场和态度。就此而言，中国签订的双边投资协定大部分都没有环境条款，这不仅不利于对中国境内的外资活动进行环境规制，也不利于"化解"中国海外投资面临的环境问题。

对于中国来说，早期的中外双边投资协定是为了吸引外资发展经济，因而倾向于投资自由化与投资保护，加之投资者母国不愿对其投资施加限制，因而投资协定中极少纳入环境条款并不令人意外。但随着经济实力的增强，中国对环境质量的要求相应提升，需要对外资进行环境规制。加之中国资本的大量输出，也需要缓解随之产生的海外环境问题，中国国际投资协定纳入环境条款的情形不断增加。但总的来说，还是处于发展的初级阶段，相比庞大的双边投资协定总量来说，纳入环境条款的投资协定的数量极为有限。"从我国双边投资协定来看，截至 2019 年 3 月 25 日，已经签订了 145 项双边年投资协定，其中 16 项目前处于终止状态，现行生效的只有 108 项。"① 其中，重签和新签的 27 项双边投资协定中仅有 5 项纳入了环境条款：2 项仅在"序言"中提及；3 项对环境保护有相对具体的规定。②

党的十九届五中全会将生态环境保护作为"十四五"和更长时期发展的重要内容，要求推动绿色发展、促进人与自然和谐共生。全会明确了"十四五"时期的主要目标：国土空间开发保护格局得到优化；生产生活方式绿色转型成效显著；能源资源配置更加合理、利用效率大幅提高；主要污染物排放总量持续减少；生态环境持续改善，生态安全屏障更加牢固；城乡人居环境明显改善。同时，还提出了 2035 年远景目标：广泛形成绿色生产生活方式；碳排放达峰后稳中有降；生态环境根本好转；美丽中国建设目标基本实现。③ 要实现上述近期目标和远期目标，就要加大节能减排、清洁生产和综

①转引自朱晓群. 国际投资协定中环境保护条款研究［D］. 上海：华东政法大学，2019：33.

②根据商务部条法司的中外双边投资协定情况进行整理。

③参见党的十九届五中全会发布《中共中央关于制定国民经济和社会发展第十四个五年规划和二〇三五年远景目标的建议》。

合利用废弃物的推动力度。从引进和利用外资的角度，除了对外资准入门槛进行绿色升级外，还要在外资环境规制问题上进行多维绿色化，其中的一维便是通过双边投资协定环境条款的设置加强投资发展过程中的环境保护。在更多的国际投资协定中纳入环境条款显然是大势所趋，而当前的国际投资协定环境条款的数量现状明显是无法满足该要求的。

2. 环境条款措辞模糊

当前，虽然中国国际投资协定中规定的环境条款多在序言或例外条款中出现，但无论哪种表现形式，都存在措辞模糊、含义不清的问题，导致环境条款对缔约国约束力不够或适用过程中的标准不一。

2002 年是中国国际投资协定环境条款发展的里程碑。这一年，中国与特立尼达和多巴哥共和国签订了关于鼓励促进和保护投资的双边协定。该协定序言中明确规定了环保内容："同意在不放松对健康、安全和环保措施的普遍适用情况下实现这些目标。"① 自此，"中国开始在国际投资协定的序言中纳入保护环境和促进可持续发展的条款"②。2004 年的《中华人民共和国政府和圭亚那共和国政府关于促进和保护投资协定》在序言中规定："同意上述目标的实现不影响普遍适用的健康、安全和环境措施。"③ 上述双边投资协定序言中纳入环境保护的内容，说明中国对待国际投资协定环境条款的态度发生了变化。但同时，"序言式"环境条款含义模糊、内容抽象也是不争的事实。比如中国与特立尼达和多巴哥共和国的双边投资协定以及中国与圭亚那的双边投资协定序言中均表达了对投资的鼓励、促进和保护并不影响缔约国实施"环境措施"，那么此处的"环境措施"具体是指哪些措施？这类措施与协定中"征收"条款中规定的东道国"为了公共利益"而采取的"征收、国有化或其他类似措施"是什么关系？对此，协定既没有在第一条"定义"部分对"环境措施"进行界定，也没有在协定的其他实体性条款中涉及环境措施与东道国采取的其他措施之间关系的阐释和说明。尽管在实践中，

---

① 参见 2002 年签订的《中华人民共和国政府和特立尼达和多巴哥共和国政府关于鼓励促进和保护投资协定》。

② 马迅. 我国国际投资协定中环境条款及其未来进路 [J]. 生态经济, 2016 (11): 183 - 189.

③ 参见《中华人民共和国政府和圭亚那共和国政府关于促进和保护投资协定》。

"仲裁庭对涉及环境问题的国际投资纠纷案件做出的裁决结果，条约序言部分对案件的分析和裁决产生的影响微乎其微"①，但这种含糊不清的表述极易为日后争端的产生埋下隐患。

"例外式"环境条款的部分措辞也不明确。中国国际投资协定基本都规定例外条款，且仅为征收例外，但其表述未出现"环境"字样，而是均以"公共利益"措辞。如1982年的《中华人民共和国政府和瑞典王国政府关于相互保护投资的协定》规定如下："缔约任何一方对缔约另一方投资者在其境内的投资，只有为了公共利益，按照适当的法律程序，并给予补偿，方可实行征收或国有化，或采取任何类似的其他措施。"② 2007年的《中华人民共和国政府和大韩民国政府关于促进和保护投资的协定》的规定是"缔约一方对缔约另一方的投资者在其领土内的投资除非符合下列条件，不得采取征收、国有化或其他类似措施（以下称'征收'）：（一）为了公共利益"③。2005年的《中华人民共和国政府和马达加斯加共和国政府相互促进和保护投资协定》的表述为"缔约任何一方不应对缔约另一方投资者的投资采取征收、国有化或其他类似措施，以直接或间接征收缔约另一方投资者在其领土上拥有的投资，除非满足下列条件：（一）在良好的法制框架下，基于公共利益而采取的措施"④。2003年《中华人民共和国政府和圭亚那共和国政府关于促进和保护投资协定》规定"缔约任何一方不得对缔约另一方的投资者在其领土内的投资采取征收、国有化或其他类似措施（以下称'征收'），除非：（一）为了公共利益"⑤。毋庸置疑，环境利益是一种公共利益，因而根据中国签订的双边投资协定例外条款的规定，中国为保护环境而采取的措施理应属于"征收"的例外情形，然而常识性的理解并不能代表条约规定的法律解释。正如人们对"可耗竭资源"的理解曾经局限于煤炭、石油等非生

---

① 崔佳文. 国际投资中的环境保护研究：以投资条约为视角 [J]. 中国商论，2018（16）：63 - 68.

② 参见《中华人民共和国政府和瑞典王国政府关于相互保护投资的协定》第3条。

③ 参见《中华人民共和国政府和大韩民国政府关于促进和保护投资的协定》第4条。

④ 参见《中华人民共和国政府和马达加斯加共和国政府相互促进和保护投资协定》第5条。

⑤ 参见《中华人民共和国政府和圭亚那共和国政府关于促进和保护投资协定》第4条。

物的资源，但到 WTO 争端解决机构处理涉环境贸易争端时却会将某类如果不加以保护便将灭绝的"海龟"界定为"可耗竭资源"一样，"公共利益"的外延究竟如何也须在协定中加以明确，才能避免可能发生的歧义。否则，这类模糊性措辞虽然表面上能够为东道国行使环境规制权带来较大弹性空间，但也会在涉环境投资争端的解决中处于被动地位。

近十年来，虽然中国签订的双边投资协定对环境条款的重视程度越来越高，关键性概念趋于明晰，但仍有部分重要措辞需要进一步加以明确。如2013 年的《中华人民共和国政府和坦桑尼亚联合共和国政府关于促进和相互保护投资协定》规定的"缔约一方采取的旨在保护公共健康、安全及环境等在内的正当公共福利的非歧视的管制措施，不构成间接征收，但在个别情况下，例如所采取的措施严重超过维护相应正当公共福利的必要时除外"①，2015 年的《中华人民共和国政府和土耳其共和国政府关于相互促进和保护投资协定》也规定"除非在个别情况下，例如所采取的措施严重超过维护相应合理公共福利的必要，缔约一方采取的旨在保护公共健康、安全及环境等合法公共福利的非歧视的法律措施，不构成间接征收"②。在上述两个投资协定中，均规定了环境措施不构成间接征收的例外情形是该措施严重超过了维护正当公共福利的"必要"，换言之，严重超过"必要"是判定环境措施构成非征收措施的标准。既然是标准，那么"必要"的判断就至关重要，因为它直接关系到东道国正当行使环境规制权的"边界"，也是东道国面对投资者指控时可以进行抗辩的重要依据。遗憾的是，如此至关重要的概念，上述两个投资协定中均未给予相应界定，"必要"的界限因而难以把握，显得神秘莫测。从东道国的角度，这或许会使其行使环境管制权的空间得以扩展，但事情均有两面性，另一面便是投资者也获得了对"必要"进行"自定义"的空间，最终如何理解和解释，大概要看仲裁庭的观点。而从诸多涉环境投资争端的解决情况看，仲裁庭倾向于偏袒投资者的案例已不罕见，这自然给中国带来了潜在的风险——因此而要面对争端。

---

①参见《中华人民共和国政府和坦桑尼亚联合共和国政府关于促进和相互保护投资协定》第 6 条。

②参见《中华人民共和国政府和土耳其共和国政府关于相互促进和保护投资协定》第 4 条。

无论如何，中国国际投资协定中序言式环境条款措辞的模糊性，给未来中国面对涉环境投资争端的解决平添了诸多不确定因素。

3. 环境条款内容不够系统和丰富

前述，中国国际投资协定环境条款尚处在发展的初期阶段。一方面，相对于签订的双边国际投资协定而言，纳入环境条款的投资协定数量极少；另一方面，纳入环境条款的中外双边投资协定，其环境条款的规定不够系统丰富，其实施的效果因而会大打折扣。其中，有两点表现较为突出：

（1）对投资者的环境责任规制薄弱

从引资国的角度，中国双边投资协定环境条款旨在引导外资可持续发展，在促进中国经济发展的同时能够兼顾对生态环境的保护。双边投资协定约束的是双方缔约国，而对中国环境产生的影响是其在华投资企业。在当前投资者母国对其海外投资环境规制不力的情况下，在投资协定环境条款中细化在华企业的环境责任，或者细化投资者母国对在华外资环境规制的具体内容，似乎是个可行的选择。不过，目前中国签订的双边投资协定，在规制外资企业环境责任方面是极为薄弱的。综观中国签订的双边投资协定，仅有极少数对投资者的环境责任进行了规定。如2013年《中华人民共和国政府和坦桑尼亚联合共和国政府关于促进和相互保护投资协定》在序言中明确提出"鼓励投资者尊重企业社会责任"，不过由于是在序言中规定，更多的是表明缔约国的态度和决心，由于没有实质性内容，因而谈不上对投资企业的约束力。

（2）大多数纳入环境条款的双边投资协定争端解决程序条款不够具体

综观中国签订的纳入环境条款的双边投资协定，虽然几乎都规定了投资争端解决的途径，但能够同时对投资争端解决程序进行详细规定的协定并不多见。拿协定中规定的仲裁解决方式来说，绝大多数协定仅大致规定了仲裁员的任命、仲裁裁决的效力和仲裁费用的分担，但对于投资争端方提请仲裁的事由、提请仲裁的前提条件等内容均无涉及。如《中华人民共和国政府和波兰人民共和国政府关于相互鼓励和保护投资协定》第10条规定，如果投资者对被征收的投资财产的补偿款额有异议，可以向东道国主管部门申诉；申诉一年内未果，投资者可将争议提交东道国法院或专设国际仲裁庭对补偿额予以审查。协定还规定了仲裁员的任命方法和期限、仲裁程序规则的确定、裁决的终局性及仲裁费用的承担。不过，上述内容仅是框架式规定，不够具体和细化。比如，投资者提请仲裁需要满足哪些条件？被任命的仲裁员应该具备什么条件？对首席仲裁员是否有特殊要求？仲裁庭审理是否向公众开放？在什么情况下向公众开放？仲裁裁决是否向公众公开？这些问题是国际投资仲裁中的常见问题，如果协定规定不明确，争端方之间很容易产生意见分歧，影响争端解决的效率。

争端解决程序条款的上述缺憾反映了中国对包括涉环境投资争端在内的投资争端问题的重视程度不够，这不仅与国际投资协定环境条款的发展趋势不符，还有可能使中国在可能发生的投资争端解决问题上处于非常不利地位。

（二）完善中国国际投资协定中环境条款的建议

1. 增加环境条款数量，丰富环境条款的内容

首先，在更多的中国国际投资协定中纳入环境条款。尽管中国签订了100多个双边投资协定，但能够纳入环境保护内容的投资协定还是非常少的。建议中国在更多的双边投资协定中纳入环境条款，这不仅是秉持可持续发展理念的体现，还顺应了国际投资协定的发展趋势。国际投资与环境保护已然交叉在一起，双边投资协定中纳入环境条款只不过是对现实的回应。

其次，丰富环境条款的内容。建议在实体规则中纳入环境序言条款、环境例外条款和环境专门条款，建立投资协定环境条款体系。其中，序言条款要引起足够重视。目前中国签订的双边投资协定极少在序言中涉及环境保护的内容，这或许与签订协定之时中国经济发展现实有关，但如今的中国已经走在可持续发展的道路上，需要在引进外资的同时关切包括环境在内的公共利益。此时，序言中的环境条款就显得尤为重要，因为一旦发生涉环境投资争端，"仲裁庭需根据投资条约中序言的表述合理地推定缔约方在投资保护中的环境保护立场，应将其作为解释上下文的依据而不是忽视其表达的立场与准则"①。因此，建议未来的中国国际投资协定序言中增加对可持续发展及环境保护的表述，将可持续发展作为协定目标，同时强调以保护环境的方式达成经济目标，还可以提及社会责任，呼吁企业重视生态环境保护。

---

①崔佳文. 国际投资中的环境保护研究：以投资条约为视角 [J]. 中国商论，2018 (24)：63－67＋68.

2. 强化涉环境投资争端解决机制，提高争端解决效率

在某种程度上，缔约国签订双边投资协定的目的有两个：保护和促进投资；解决投资争端。其中，对投资的促进和保护主要取决于作为东道国的缔约国的国内措施，而投资争端的解决涉及东道国和投资者两个特殊的主体。由双方法律地位的不对等，导致东道国和投资者之间争端的处理历来比较敏感和棘手。如何在促进国际投资的同时公平公正地解决东道国-投资者争端，是对东道国智慧的考验。此时，双边投资协定对争端解决条款的规定便至关重要。通常，要想高效率解决涉环境投资争端，争端解决条款必须具体、明确，具有可操作性。一旦投资者与东道国发生协定涵盖的争端，即可迅速启动争端解决机制，并保证程序有条不紊地进行。前述，中国签订的双边投资协定中，基本都未确立完备的争端解决机制。在中国吸引外资规模不断扩大、海外投资稳健发展的背景下，未来面临东道国-投资者涉环境投资争端的概率也在增加，因此争端解决条款的完善极具迫切性。

就此而言，《中华人民共和国政府和加拿大政府关于促进和相互保护投资的协定》争端解决条款可作为未来中国修改、签订或重签双边投资协定时的重要参考。中加投资协定共35条，其中第三部分，即19—32条是争端解决部分，篇幅占到协定的40%，可见双方对投资争端解决问题的重视程度。第19条开门见山地表明第三部分的目的是建立"投资争端的解决机制"，第20—22条规定了投资争端方提请仲裁的事由、提请仲裁的前提条件和提请仲裁的依据，第24—25条规定了仲裁庭的组成、仲裁员应该具备的素质及缔约方对仲裁员任命的同意，第27—29条规定了非争端方及公众的参与规则，第31条还对临时保护措施的采取做出了规定。由此可见，中加投资协定争端解决条款涉及了东道国-投资者争端的方方面面，使得双方在解决相应争端时几乎所有问题均"有法可依"，大大提高了争端解决的效率，并使裁决结果更趋透明和具有可预期性。

建议中国参照中加投资协定投资争端解决内容，对双边投资协定的争端解决条款进行丰富和完善，以强化涉环境投资争端解决机制，增加争端解决条款的可操作性。

3. 明确环境条款的模糊性措辞，增强其可操作性

首先，对关键性概念进行明确界定。对协定中的概念特别是关键性概念

进行清晰界定有利于缔约国权利义务的具体化和明确化,从而避免东道国在行使环境规制权时的随意性,也有利于日后发生涉环境投资争端时仲裁庭对自由裁量权的过度放大,从而做出偏袒东道国或投资者的裁决。在这方面,《中华人民共和国政府和加拿大政府关于促进和相互保护投资的协定》第一条"定义"部分对涉环境内容的概念的界定值得借鉴。比如,第十条"征收"规定:"每一缔约方投资者的涵盖投资或投资收益均不得在另一缔约方的领土内被征收或国有化,亦不得被采取具有相当于征收或国有化效果的措施(以下称'征收'),基于公共目的、根据国内正当法律程序、不以歧视方式并给予补偿的情况除外。"那么从环境保护角度,此处的"措施"无疑是指环境措施,那其范围如何?第一条"定义"这样规定:"'措施'包括任何法律、法规、规定、程序、决定、要求、行政行为或实践。"而且还特别指出:"'现存措施'指本协定生效时已存在的措施。"同样,该协定中的例外式环境条款"每一缔约方投资者的涵盖投资或投资收益均不得在另一缔约方的领土内被征收或国有化,亦不得被采取具有相当于征收或国有化效果的措施(以下称'征收'),基于公共目的、根据国内正当法律程序、不以歧视方式并给予补偿的情况除外"中的"公共目的"也在第二部分第十条的附录中得到了相对明晰的界定:"缔约方为保护公众福祉之合法公共目的,如健康、安全和环境,而设计和适用的一项或一系列非歧视性措施,不构成间接征收。"①

再比如"间接征收"的概念,在以往的涉环境投资争端解决过程中,仲裁庭在判定一项环境措施是否构成间接征收的概念时颇费时间和精力,争端当事方为此各执一词。因此,如果能在双边投资协定中对"间接征收"进行界定,争端当事方的冲突将会大大减少,仲裁庭因此而产生的纠结系数也将降低。对此,未来中国在修改、签订或重新签订双边投资协定时,可以参照2013年《中华人民共和国政府和坦桑尼亚联合共和国政府关于促进和相互保护投资协定》关于间接征收的规定来对该概念进行界定和明确。中坦投资协定对间接征收的规定如下:在确定缔约方的措施是否构成间接征收时,要以

①参见《中华人民共和国政府和加拿大政府关于促进和相互保护投资的协定》第1条、第10条。

事实为依据，逐案审查，并考虑包括以下在内的各种因素：措施的经济影响；措施在范围或适用上对缔约另一方投资者及其投资的歧视程度；措施对缔约另一方投资者明显、合理的投资期待的干预程度；措施的性质和目的，是否为了公共利益和善意采取，以及措施和征收目的之间是否成比例。① 还可以在此基础上对所考虑的"因素"进一步细化，比如措施"经济影响"的程度、措施"歧视程度"的界定、措施"善意"采取的判断，等等。如此，可以将"间接征收"需要考虑的因素尽可能明确在一定范围内，这有助于涉环境争端解决过程中对仲裁庭自由裁量权的限制，更好地平衡东道国与投资者之间的利益。

4. 明确投资者的环境责任，提高环境条款的效果

前述，尽管中坦双边投资协定的实体性条款中没有就"鼓励投资者尊重企业社会责任"的方式为缔约国施加相应义务，但却表明了中国在促进国际投资可持续发展问题上的态度与诚意。未来，中国可参考经合组织制定的《跨国公司行动准则》"环境篇"的内容，在新签或重签双边投资协定，特别是与发达国家签订投资协定时，在环境条款中就企业环境责任问题进行较为具体的规定。可以对企业提出"环境业绩"要求，且"环境业绩"不限于参与环保宣传、参与环保项目等"装潢门面"的外在性表现，更重要的是其如何结合东道国的国家战略及国际环境承诺，真正将投资活动"可持续化"。为此，可以通过专门环境条款或环境章节规定企业的环境责任：建立环境管理体系，对涉环境信息进行收集和评估、确立改善环境业绩的具体目标、并对投资活动的"环保性"进行跟踪和监测；与直接受企业环境行为影响的社区保持沟通与协商，将环境负面影响控制在最低限度内；企业在决策时要对其生命周期中产生的环境影响进行评估并提出解决方案；投资活动要遵守风险预防原则，不能以缺乏充分的科学确定性为理由推迟采取相应措施；进行环境教育与培训，提高企业的整体环境意识和环保水平；等等。当然，经合组织的《跨国公司行动准则》对企业环境责任的规定非常全面和高标准，中国可以根据缔结协定的具体情况有选择地参考相关内容。如此，既可以缓解

① 参见《中华人民共和国政府和坦桑尼亚联合共和国政府关于促进和相互保护投资协定》第 6 条第 2 款。

投资者与国家权利义务失衡的局面，又能兼顾东道国与投资者的利益，真正实现投资发展的可持续性。

5. 以引资国和投资国的双重身份，制定"双轨制"国际投资协定中环境条款

立场不同，方法和策略就不同。如果一国以吸引外资为主，自然是站在引资国的立场上签订双边投资协定，对外国投资进行环境规制的分寸就要拿捏到位，因此投资协定中的环境条款会尽量避免对外资设置过高环境标准；如果一国以海外投资为主，自然会站在资本输出国的立场上签订双边投资协定，对海外投资的环境规制更多的是从促进投资自由化的角度加以考虑，投资协定中的环境条款更多地趋向于对东道国环境规制权的规制。但如果一国既是资本输入大国，又是资本输出大国，就要站在双重立场上对待双边投资协定环境条款问题。目前的中国，正是处十这种境况。因此，中国国际投资协定环境条款的制定与完善必须同时站在资本输出国和引入国的立场上，"兼顾双重身份研究我国方案"①。

由于来华投资的外商来源地主要是发达国家和地区，这些国家和地区环保标准相对较高，可以在投资协定中适当增加投资者母国规制其在华企业环境行为的义务，同时尽量减少对东道国行使环境规制权的限制，从而增加中国采取环境措施的灵活度。

中国海外投资主要流向亚洲和拉美，对非洲的投资也在稳步推进。显然，这些地区的发展中国家居多，经济发展水平相对较低，环境标准不高，但其环境法律和政策变动相对频繁，且应对环境风险的能力偏低。为了维护海外投资利益，并关切投资地生态环境，宜在双边投资协定中尽量限制东道国行使环境规制权的空间，以减缓其环境措施对中国海外投资的冲击。同时，适当增加中国海外企业的环境责任，这不仅是实现海外投资可持续发展的需要，也是中国企业真正成为具有国际竞争力的跨国企业的必经之路。如此，"将 BIT 打造成为甲胄和利剑，即维护国家安全、国内产业可持续发展、

---

①刘正. 中国国际投资协定的环境条款评析与完善思考 [J]. 法学杂志，2011（12）：90-93.

提升就业与健康水平、切实保障我国海外投资利益不受恣意侵害"①。

通过制定和完善中国国际投资协定中的环境条款，可以较好地配合国内法对在华外资进行环境规制，同时较好对中国海外投资企业进行环境规制，以尽可能减少环境问题的发生，维护中国国家利益。

①温先涛.《中国投资保护协定范本（草案）》论稿（三）[J]. 国际经济法学刊，2012（20）：57-90.

附　录

一、《鼓励外商投资产业目录（2020 年版）》（涉环境部分）①

行业		鼓励的产业
农、林、牧、渔业（5）		绿色、有机蔬菜(含食用菌、西甜瓜)、干鲜果品、茶叶栽培技术开发、种植及产品生产
		农作物秸秆资源综合利用、有机肥料资源的开发、生产
		森林资源培育(速生丰产用材林、大径级用材林、竹林、油茶等经济林、珍贵树种用材林等)
		林下生态种养
		防治荒漠化、水土保持和国土绿化等生态环境保护工程建设、经营
采矿业（5）		石油、天然气的勘探、开发和矿井瓦斯利用
		提高原油采收率(以工程服务形式)及相关新技术的开发与应用
		物探、钻井、测井、录井、井下作业等石油勘探开发新技术的开发与应用
		提高矿山尾矿利用率的新技术开发与应用及矿山生态恢复技术的综合应用
		我国紧缺矿种(如钾盐、铬铁矿等)的勘探、开采和选矿
制造业（81）	农副食品加工业(1)	安全高效环保饲料及饲料添加剂(含维生素、蛋氨酸),动物促长用抗菌药物替代产品开发、生产
	纺织业(3)	采用染整清洁生产技术生产高档纺织面料
		符合环保要求的特种动物纤维、麻纤维、桑柞蚕丝、彩色棉花、彩色桑茧丝类天然纤维的加工技术与产品生产
		废旧纺织品回收利用

---

①本表根据《鼓励外商投资产业目录（2020 年版）》整理。

行业		鼓励的产业
制造业 (81)	皮革、毛皮、羽毛及其制品和制鞋业(2)	皮革和毛皮清洁化技术加工
		皮革废弃物综合利用
	木材加工和木、竹、藤、棕、草制品业(1)	林业三剩物,"次、小、薪"材、废旧木材和竹材的综合利用新技术、新产品开发、生产,木竹材生产污染控制治理、细微颗粒物减排与粉尘防爆技术开发与应用
	化学原料和化学制品制造业(9)	水性油墨、电子束固化紫外光固化等低挥发性油墨、环保型有机溶剂生产
		环境友好型含氟制冷剂、清洁剂、发泡剂生产
		碳捕集、利用与封存(CCUS)项目建设和经营
		从磷化工、铝冶炼中回收氟资源生产
		环保用无机、有机和生物膜开发、生产
		新型肥料开发、生产:高浓度钾肥、复合型微生物接种剂、复合微生物肥料、秸秆及垃圾腐熟剂、特殊功能微生物制剂
		高效、安全、环境友好的农药新品种、新剂型、专用中间体、助剂的开发、生产,以及相关清洁生产工艺的开发与应用、定向合成法手性和立体结构农药生产
		生物农药及生物防治产品开发、生产:微生物杀虫剂、微生物杀菌剂、农用抗生素、生物刺激素、昆虫信息素、天敌昆虫、微生物除草剂
		废气、废液、废渣综合利用和处理、处置
	化学纤维制造业(2)	原创性开发高速纺丝加工用绿色高效环保油剂生产
		利用新型可再生资源和绿色环保工艺生产生物质纤维,包括新溶剂法纤维素纤维(Lyocell),以竹、麻等为原料的再生纤维素纤维、聚乳酸纤维(PLA)、甲壳素纤维、聚羟基脂肪酸酯纤维(PHA)、动植物蛋白纤维等
	橡胶和塑料制品业(3)	生物可降解塑料及其制品的开发、生产、应用
		新型光生态多功能宽幅农用薄膜,无污染可降解农用薄膜开发、生产
		废旧塑料的回收和再利用

续表

行业		鼓励的产业
制造业(81)	非金属矿物制品业(11)	节能、环保、利废、轻质高强、高性能、多功能建筑材料开发、生产
		以塑代钢、以塑代木、节能高效的化学建材品生产
		新技术功能玻璃开发、生产：透红外线无铅硫系玻璃及制品、太阳能风挡玻璃
		玻璃纤维制品及特种玻璃纤维生产：可降解玻璃纤维
		水泥、电子玻璃、陶瓷、微孔炭砖等窑炉用长寿命节能环保(无铬化)耐火材料生产
		有机－无机复合泡沫保温材料生产、建筑高性能节能保温材料、现代集中农业养殖业保温隔离材料生产
		高技术复合材料生产：可生物降解树脂基复合材料
		利用新型干法水泥窑、烧结墙体材料生产无害化处置固体废弃物
		建筑垃圾再生利用
		工业副产石膏等产业废弃物综合利用
		非金属矿山尾矿综合利用的新技术开发与应用及矿山生态恢复
	有色金属冶炼和压延加工业(1)	高新技术有色金属材料及其产品生产：无铅焊料
	金属制品业(1)	航空、航天、船舶、汽车、摩托车轻量化及环保型新材料研发、制造
	通用设备制造业(2)	噪声与振动污染控制设备制造：声屏障、消声器、阻尼弹簧隔振器
		振动值 Z4 以下低噪音轴承、风力发电机组轴承
	专用设备制造业(27)	环保节能型现场喷涂聚氨酯防水保温系统设备、聚氨酯密封膏配制技术与设备、改性硅酮密封膏配制技术和生产设备制造
		土壤污染治理及修复设备制造
		农业机械制造：低油耗低噪音低排放柴油机,大型拖拉机配套的带有残余雾粒回收装置的喷雾机
		林业设施设备制造：困难立地造林机械,林地剩余物收集、打捆、木片、粉碎及其综合利用机
		林业灾情监控设备制造：灭火、除虫设备
		农作物秸秆收集、打捆及综合利用设备制造

行业	鼓励的产业	
制造业 (81)	专用设备制造业(27)	农用废物的资源化利用及规模化畜禽养殖废物的资源化利用设备制造
		节肥、节(农)药、节水型农业技术设备制造
		高新太阳能电池生产专用设备制造
		二氧化碳捕集、利用、封存与监测设备制造
		大气污染防治设备制造
		水污染防治设备制造
		固体废物处理处置设备制造
		铝工业赤泥综合利用设备开发、制造
		尾矿综合利用设备制造
		废旧塑料、电器、橡胶、电池回收处理再生利用设备制造
		废旧纺织品回收处理设备制造
		废旧机电产品再制造设备制造
		废旧轮胎综合利用装置制造
		余热余压余气利用设备制造
		水生生态系统的环境保护技术、设备制造
		移动式组合净水设备制造
		非常规水处理、重复利用设备与水质监测仪器制造
		钢铁、造纸、纺织、石化、化工、冶金等高耗水行业节水工业设备制造
		海上溢油回收装置制造
		洁净煤技术产品的开发与利用及设备制造
		大型公共建筑、高层建筑、石油化工设施、森林、山岳、水域和地下设施消防灭火救援技术开发与设备制造
	汽车制造业 (4)	汽车发动机制造及发动机研发机构建设:燃料电池和混合燃料等新能源发动机
		汽车关键零部件制造及关键技术研发:达到中国第六阶段污染物排放标准的发动机排放控制装置
		新能源汽车关键零部件研发、制造

行业	鼓励的产业	
制造业 (81)	铁路、船舶、航空航天和其他运输设备制造业(1)	达到中国摩托车第四阶段污染物排放标准的大排量（排量>250ml)摩托车发动机排放控制装置制造
	电气机械和器材制造业(7)	新能源发电成套设备或关键设备制造
		高技术绿色电池制造
		应用可再生能源(空气源、水源、地源)制冷空调设备制造
		太阳能空调、采暖系统、太阳能干燥装置制造
		生物质干燥热解系统、生物质气化装置制造
		生物天然气原料预处理及进料、发酵、提纯、沼液处理装置制造
		使用环保型中压气体的绝缘开关柜
	仪器仪表制造业(2)	土壤墒情监测设备制造
		环境监测仪器制造
	废弃资源综合利用业(4)	煤炭洗选及粉煤灰(包括脱硫石膏)、煤矸石等综合利用
		全生物降解材料的生产
		废旧电器电子产品、汽车、机电设备、橡胶、金属、电池回收处理
		赤泥及其他冶炼废渣综合利用
电力、热力、燃气及水生产和供应业(12)	整体煤气化联合循环发电等洁净煤发电项目的建设、经营	
	新能源电站(包括太阳能、风能、地热能、潮汐能、潮流能、波浪能、生物质能等)建设、经营	
	单机 30 万千瓦及以上采用流化床锅炉并利用煤矸石、中煤、煤泥等发电项目的建设、经营	
	燃气发电与可再生发电互补系统开发与应用	
	垃圾焚烧发电厂建设、经营	
	清洁能源微电网的建设、经营	
	使用天然气、电力和可再生能源驱动的区域供能(冷、热)项目的建设、经营	
	海水利用(海水直接利用、海水淡化)、苦咸水利用	
	再生水厂的设计、建设、经营	
	污水处理厂的设计、建设、经营	
	生物天然气项目建设、经营	
	绿色植物绝缘油的研发、应用、生产	

行业	鼓励的产业
交通运输、仓储和邮政业(1)	与快递服务相关科技装备及绿色包装的研发应用、绿色物流设施设备的研发应用
科学研究和技术服务业(19)	生物工程与生物医学工程技术、生物质能源开发技术研发
	海洋监测技术(海洋浪潮、气象、环境监测)
	综合利用海水淡化后的浓海水制盐,提取钾、溴、镁、锂及其深加工等海水化学资源高附加值利用技术研发
	海洋开发及海洋能开发技术、海洋化学资源综合利用技术
	海上石油污染清理与生态修复技术及相关产品开发,海水富营养化防治技术、海洋生物爆发性生长灾害防治技术、海岸带生态环境修复技术研发
	节能环保和循环经济技术研发与应用
	资源再生及综合利用技术、企业生产排放物的再利用技术研发与应用
	环境污染治理及监测技术研发
	清洁生产技术开发与服务
	碳捕集、利用与封存(CCUS)技术开发与服务
	绿色建筑节地与室外环境、节能与能源利用、节水与水资源利用、节材与材料资源利用、室内环境与运行管理综合技术研发与利用
	放射性废物处理技术研发与应用
	危险废物利用处置设施专业化建设、经营和技术咨询服务
	化纤生产及印染加工的节能降耗、三废治理新产品和新技术
	磷石膏综合利用技术研发与应用
	防沙治沙与沙荒修复技术研发
	草畜平衡综合管理技术研发
	现代畜牧业废弃物资源化综合利用技术研发与应用
	农药新型施药技术研发与应用
水利、环境和公共设施管理业(2)	河道、湖泊水环境治理,水生态修复和管理保护与经营
	垃圾处理厂、危险废物处理处置厂(焚烧厂、填埋场)及环境污染治理设施的建设、经营

二、《外商投资准入特别管理措施（负面清单）（2020 年版）》（涉环境部分）①

行业	特别管理措施
农、林、牧、渔业	小麦新品种选育和种子生产的中方股比不低于 34%、玉米新品种选育和种子生产须由中方控股
	禁止投资中国稀有和特有的珍贵优良品种的研发、养殖、种植以及相关繁殖材料的生产（包括种植业、畜牧业、水产业的优良基因）
	禁止投资农作物、种畜禽、水产苗种转基因品种选育及其转基因种子（苗）生产
	禁止投资中国管辖海域及内陆水域水产品捕捞
采矿业	禁止投资稀土、放射性矿产、钨勘查、开采及选矿
制造业	除专用车、新能源汽车、商用车外，汽车整车制造的中方股比不低于 50%、同一家外商可在国内建立两家及两家以下生产同类整车产品的合资企业。（2022 年取消乘用车制造外资股比限制以及同一家外商可在国内建立两家及两家以下生产同类整车产品的合资企业的限制）
电力、热力、燃气及水生产和供应业	核电站的建设、经营须由中方控股

三、《自由贸易试验区外商投资准入特别管理措施（负面清单）（2020 年版）》（涉环境部分）

行业	特别管理措施
农、林、牧、渔业	小麦、玉米新品种选育和种子生产的中方股比不低于 34%
	禁止投资中国稀有和特有的珍贵优良品种的研发、养殖、种植以及相关繁殖材料的生产（包括种植业、畜牧业、水产业的优良基因）
	禁止投资农作物、种畜禽、水产苗种转基因品种选育及其转基因种子（苗）生产
	禁止投资中国管辖海域及内陆水域水产品捕捞
采矿业	禁止投资稀土、放射性矿产、钨勘查、开采及选矿（未经允许，禁止进入稀土矿区或取得矿山地质资料、矿石样品及生产工艺技术）
制造业	除专用车、新能源汽车、商用车外，汽车整车制造的中方股比不低于 50%、同一家外商可在国内建立两家及两家以下生产同类整车产品的合资企业（2022 年取消乘用车制造外资股比限制以及同一家外商可在国内建立两家及两家以下生产同类整车产品的合资企业的限制）
电力、热力、燃气及水生产和供应业	核电站的建设、经营须由中方控股

---

① 本表根据《外商投资准入特别管理措施（负面清单）（2020 年版）》整理。

四、美国《双边投资协定范本》(2012 年)(涉环境部分)(英文版)

The Government of the United States of America and the Government of [Country] (hereinafter the "Parties");

Desiring to promote greater economic cooperation between them with respect to investment by nationals and enterprises of one Party in the territory of the other Party;

Recognizing that agreement on the treatment to be accorded such investment will stimulate the flow of private capital and the economic development of the Parties;

Agreeing that a stable framework for investment will maximize effective utilization of economic resources and improve living standards;

Recognizing the importance of providing effective means of asserting claims and enforcing rights with respect to investment under national law as well as through international arbitration;

Desiring to achieve these objectives in a manner consistent with the protection of health, safety, and the environment, and the promotion of internationally recognized labor rights;

Having resolved to conclude a Treaty concerning the encouragement and reciprocal protection of investment;

Have agreed as follows:

SECTION A

Article 1: Definitions

"**measure**" includes any law, regulation, procedure, requirement, or practice.

Article 3: National Treatment

1. Each Party shall accord to investors of the other Party treatment no less favorable than that it accords, in like circumstances, to its own investors with respect to the establishment, acquisition, expansion, manage-

ment, conduct, operation, and sale or other disposition of investments in its territory.

2. Each Party shall accord to covered investments treatment no less favorable than that it accords, in like circumstances, to investments in its territory of its own investors with respect to the establishment, acquisition, expansion, management, conduct, operation, and sale or other disposition of investments.

3. The treatment to be accorded by a Party under paragraphs 1 and 2 means, with respect to a regional level of government, treatment no less favorable than the treatment accorded, in like circumstances, by that regional level of government to natural persons resident in and enterprises constituted under the laws of other regional levels of government of the Party of which it forms a part, and to their respective investments.

Article 4: Most—Favored—Nation Treatment

1. Each Party shall accord to investors of the other Party treatment no less favorable than that it accords, in like circumstances, to investors of any non—Party with respect to the establishment, acquisition, expansion, management, conduct, operation, and sale or other disposition of investments in its territory.

2. Each Party shall accord to covered investments treatment no less favorable than that it accords, in like circumstances, to investments in its territory of investors of any non—Party with respect to the establishment, acquisition, expansion, management, conduct, operation, and sale or other disposition of investments.

Article 5: Minimum Standard of Treatment[①]

1. Each Party shall accord to covered investments treatment in accordance with customary international law, including fair and equitable treat-

---

① Article 5 [Minimum Standard of Treatment] shall be interpreted in accordance with Annex A.

ment and full protection and security.

2. For greater certainty, paragraph 1 prescribes the customary international law minimum standard of treatment of aliens as the minimum standard of treatment to be afforded to covered investments. The concepts of "fair and equitable treatment" and "full protection and security" do not require treatment in addition to or beyond that which is required by that standard, and do not create additional substantive rights. The obligation in paragraph 1 to provide:

(a) "fair and equitable treatment" includes the obligation not to deny justice in criminal, civil, or administrative adjudicatory proceedings in accordance with the principle of due process embodied in the principal legal systems of the world; and

(b) "full protection and security" requires each Party to provide the level of police protection required under customary international law.

3. A determination that there has been a breach of another provision of this Treaty, or of a separate international agreement, does not establish that there has been a breach of this Article.

4. Notwithstanding Article 14 [Non—Conforming Measures] (5) (b) [subsidies and grants], each Party shall accord to investors of the other Party, and to covered investments, non—discriminatory treatment with respect to measures it adopts or maintains relating to losses suffered by investments in its territory owing to armed conflict or civil strife.

5. Notwithstanding paragraph 4, if an investor of a Party, in the situations referred to in paragraph 4, suffers a loss in the territory of the other Party resulting from:

(a) requisitioning of its covered investment or part thereof by the latter's forces or authorities; or

(b) destruction of its covered investment or part thereof by the latter's forces or authorities, which was not required by the necessity of the situation, the latter Party shall provide the investor restitution, compensation, or both, as appropriate, for such loss. Any compensation shall be prompt, adequate, and effective in accordance with Article 6 [Expropriation and Compensation] (2) through (4), *mutatis mutandis*.

6. Paragraph 4 does not apply to existing measures relating to subsidies or grants that would be inconsistent with Article 3 [National Treatment] but for Article 14 [Non—Conforming Measures] (5) (b) [subsidies and grants].

Article 12: Investment and Environment

1. The Parties recognize that their respective environmental laws and policies, and multilateral environmental agreements to which they are both party, play an important role in protecting the environment.

2. The Parties recognize that it is inappropriate to encourage investment by weakening or reducing the protections afforded in domestic environmental laws. Accordingly, each Party shall ensure that it does not waive or otherwise derogate from or offer to waive or otherwise derogate from its environmental laws①15 in a manner that weakens or reduces the protections afforded in those laws, or fail to effectively enforce those laws through a sustained or recurring course of action or inaction, as an encouragement for the establishment, acquisition, expansion, or retention of an investment in its territory.

3. The Parties recognize that each Party retains the right to exercise discretion with respect to regulatory, compliance, investigatory, and prosecutorial matters, and to make decisions regarding the allocation of resources to enforcement with respect to other environmental matters determined to have higher priorities. Accordingly, the Parties understand that a Party is in compliance with paragraph 2 where a course of action or inaction reflects a reasonable exercise of such discretion, or results from a *bona fide* decision regarding the allocation of resources.

4. For purposes of this Article, "environmental law" means each Party's

―――――――――――――――――

① Paragraph 2 shall not apply where a Party waives or derogates from an environmental law pursuant to a provision in law providing for waivers or derogations.

statutes or regulations,① or provisions thereof, the primary purpose of which is the protection of the environment, or the prevention of a danger to human, animal, or plant life or health, through the:

(a) prevention, abatement, or control of the release, discharge, or emission of pollutants or environmental contaminants;

(b) control of environmentally hazardous or toxic chemicals, substances, materials, and wastes, and the dissemination of information related thereto; or

(c) protection or conservation of wild flora or fauna, including endangered species, their habitat, and specially protected natural areas, in the Party's territory, but does not include any statute or regulation, or provision thereof, directly related to worker safety or health.

5. Nothing in this Treaty shall be construed to prevent a Party from adopting, maintaining, or enforcing any measure otherwise consistent with this Treaty that it considers appropriate to ensure that investment activity in its territory is undertaken in a manner sensitive to environmental concerns.

6. A Party may make a written request for consultations with the other Party regarding any matter arising under this Article. The other Party shall respond to a request for consultations within thirty days of receipt of such request. Thereafter, the Parties shall consult and endeavor to reach a mutually satisfactory resolution.

7. The Parties confirm that each Party may, as appropriate, provide opportunities for public participation regarding any matter arising under this Article.

五、《北美自由贸易协定》（涉环境部分）（英文版）

Preamble

The Government of Canada, the Government of the United Mexican

---

①For the United States, "statutes or regulations" for the purposes of this Article means an act of the United States Congress or regulations promulgated pursuant to an act of the United States Congress that is enforceable by action of the central level of government.

States and the Government of the United States of America, resolved to:

PRESERVE their flexibility to safeguard the public welfare;

PROMOTE sustainable development;

STRENGTHEN the development and enforcement of environmental laws and regulations;

PART ONE: GENERAL PART

Chapter One: Objectives

Article 104: Relation to Environmental and Conservation Agreements

1. In the event of any inconsistency between this Agreement and the specific trade obligations set out in:

(a) the Convention on International Trade in Endangered Species of Wild Fauna and Flora , done at Washington, March 3, 1973, as amended June 22, 1979,

(b) the Montreal Protocol on Substances that Deplete the Ozone Layer , done at Montreal, September 16, 1987, as amended June 29, 1990,

(c) the Basel Convention on the Control of Transboundary Movements of Hazardous Wastes and Their Disposal , done at Basel, March 22, 1989, on its entry into force for Canada, Mexico and the United States, or

(d) the agreements set out in Annex 104. 1,

such obligations shall prevail to the extent of the inconsistency, provided that where a Party has a choice among equally effective and reasonably available means of complying with such obligations, the Party chooses the alternative that is the least inconsistent with the other provisions of this Agreement.

2. The Parties may agree in writing to modify Annex 104. 1 to include any amendment to an agreement referred to in paragraph 1, and any other environmental or conservation agreement.

Annex 104. 1

Bilateral and Other Environmental and Conservation Agreements

1. The Agreement Between the Government of Canada and the Government of the United States of America Concerning the Transboundary Movement of Hazardous Waste , signed at Ottawa, October 28, 1986.

2. The Agreement Between the United States of America and the United Mexican States on Cooperation for the Protection and Improvement of the Environment in the Border Area , signed at La Paz, Baja California Sur, August 14, 1983.

PART FIVE: INVESTMENT, SERVICES AND RELATED MATTERS

Chapter Eleven: Investment

Article 1102: National Treatment

1. Each Party shall accord to investors of another Party treatment no less favorable than that it accords, in like circumstances, to its own investors with respect to the establishment, acquisition, expansion, management, conduct, operation, and sale or other disposition of investments.

2. Each Party shall accord to investments of investors of another Party treatment no less favorable than that it accords, in like circumstances, to investments of its own investors with respect to the establishment, acquisition, expansion, management, conduct, operation, and sale or other disposition of investments.

3. The treatment accorded by a Party under paragraphs 1 and 2 means, with respect to a state or province, treatment no less favorable than the most favorable treatment accorded, in like circumstances, by that state or province to investors, and to investments of investors, of the Party of which it forms a part.

4. For greater certainty, no Party may:

(a) impose on an investor of another Party a requirement that a minimum level of equity in an enterprise in the territory of the Party be held by its nationals, other than nominal qualifying shares for directors or incorporators of corporations; or

(b) require an investor of another Party, by reason of its nationality, to sell or otherwise dispose of an investment in the territory of the Party.

Article 1103: Most—Favored—Nation Treatment

1. Each Party shall accord to investors of another Party treatment no less favorable than that it accords, in like circumstances, to investors of any

other Party or of a non—Party with respect to the establishment, acquisition, expansion, management, conduct, operation, and sale or other disposition of investments.

2. Each Party shall accord to investments of investors of another Party treatment no less favorable than that it accords, in like circumstances, to investments of investors of any other Party or of a non—Party with respect to the establishment, acquisition, expansion, management, conduct, operation, and sale or other disposition of investments.

Article 1104: Standard of Treatment

Each Party shall accord to investors of another Party and to investments of investors of another Party the better of the treatment required by Articles 1102 and 1103.

Article 1105: Minimum Standard of Treatment

1. Each Party shall accord to investments of investors of another Party treatment in accordance with international law, including fair and equitable treatment and full protection and security.

2. Without prejudice to paragraph 1 and notwithstanding Article 1108 (7) (b), each Party shall accord to investors of another Party, and to investments of investors of another Party, non—discriminatory treatment with respect to measures it adopts or maintains relating to losses suffered by investments in its territory owing to armed conflict or civil strife.

3. Paragraph 2 does not apply to existing measures relating to subsidies or grants that would be inconsistent with Article 1102 but for Article 1108 (7) (b).

Article 1106: Performance Requirements

1. No Party may impose or enforce any of the following requirements, or enforce any commitment or undertaking, in connection with the establishment, acquisition, expansion, management, conduct or operation of an investment of an investor of a Party or of a non—Party in its territory:

(a) to export a given level or percentage of goods or services;

(b) to achieve a given level or percentage of domestic content;

(c) to purchase, use or accord a preference to goods produced or services provided in its territory, or to purchase goods or services from persons in its territory;

(d) to relate in any way the volume or value of imports to the volume or value of exports or to the amount of foreign exchange inflows associated with such investment;

(e) to restrict sales of goods or services in its territory that such investment produces or provides by relating such sales in any way to the volume or value of its exports or foreign exchange earnings;

(f) to transfer technology, a production process or other proprietary knowledge to a person in its territory, except when the requirement is imposed or the commitment or undertaking is enforced by a court, administrative tribunal or competition authority to remedy an alleged violation of competition laws or to act in a manner not inconsistent with other provisions of this Agreement; or

(g) to act as the exclusive supplier of the goods it produces or services it provides to a specific region or world market.

2. A measure that requires an investment to use a technology to meet generally applicable health, safety or environmental requirements shall not be construed to be inconsistent with paragraph 1 (f). For greater certainty, Articles 1102 and 1103 apply to the measure.

3. No Party may condition the receipt or continued receipt of an advantage, in connection with an investment in its territory of an investor of a Party or of a non－Party, on compliance with any of the following requirements:

(a) to achieve a given level or percentage of domestic content;

(b) to purchase, use or accord a preference to goods produced in its territory, or to purchase goods from producers in its territory;

(c) to relate in any way the volume or value of imports to the volume or value of exports or to the amount of foreign exchange inflows associated with such investment; or

(d) to restrict sales of goods or services in its territory that such investment produces or provides by relating such sales in any way to the volume or value of its exports or foreign exchange earnings.

4. Nothing in paragraph 3 shall be construed to prevent a Party from conditioning the receipt or continued receipt of an advantage, in connection with an investment in its territory of an investor of a Party or of a non—Party, on compliance with a requirement to locate production, provide a service, train or employ workers, construct or expand particular facilities, or carry out research and development, in its territory.

5. Paragraphs 1 and 3 do not apply to any requirement other than the requirements set out in those paragraphs.

6. Provided that such measures are not applied in an arbitrary or unjustifiable manner, or do not constitute a disguised restriction on international trade or investment, nothing in paragraph 1 (b) or (c) or 3 (a) or (b) shall be construed to prevent any Party from adopting or maintaining measures, including environmental measures:

(a) necessary to secure compliance with laws and regulations that are not inconsistent with the provisions of this Agreement;

(b) necessary to protect human, animal or plant life or health; or

(c) necessary for the conservation of living or non—living exhaustible natural resources.

Article 1110: Expropriation and Compensation

1. No Party may directly or indirectly nationalize or expropriate an investment of an investor of another Party in its territory or take a measure tantamount to nationalization or expropriation of such an investment ("expropriation"), except:

(a) for a public purpose;

(b) on a non—discriminatory basis;

(c) in accordance with due process of law and Article 1105 (1); and

(d) on payment of compensation in accordance with paragraphs 2 through 6.

2. Compensation shall be equivalent to the fair market value of the expropriated investment immediately before the expropriation took place ("date of expropriation"), and shall not reflect any change in value occur-

ring because the intended expropriation had become known earlier. Valuation criteria shall include going concern value, asset value including declared tax value of tangible property, and other criteria, as appropriate, to determine fair market value.

3. Compensation shall be paid without delay and be fully realizable.

4. If payment is made in a G7 currency, compensation shall include interest at a commercially reasonable rate for that currency from the date of expropriation until the date of actual payment.

5. If a Party elects to pay in a currency other than a G7 currency, the amount paid on the date of payment, if converted into a G7 currency at the market rate of exchange prevailing on that date, shall be no less than if the amount of compensation owed on the date of expropriation had been converted into that G7 currency at the market rate of exchange prevailing on that date, and interest had accrued at a commercially reasonable rate for that G7 currency from the date of expropriation until the date of payment.

6. On payment, compensation shall be freely transferable as provided in Article 1109.

7. This Article does not apply to the issuance of compulsory licenses granted in relation to intellectual property rights, or to the revocation, limitation or creation of intellectual property rights, to the extent that such issuance, revocation, limitation or creation is consistent with Chapter Seventeen (Intellectual Property).

8. For purposes of this Article and for greater certainty, a non－discriminatory measure of general application shall not be considered a measure tantamount to an expropriation of a debt security or loan covered by this Chapter solely on the ground that the measure imposes costs on the debtor that cause it to default on the debt.

Article 1114: Environmental Measures

1. Nothing in this Chapter shall be construed to prevent a Party from adopting, maintaining or enforcing any measure otherwise consistent with this Chapter that it considers appropriate to ensure that investment activity in its territory is undertaken in a manner sensitive to environmental concerns.

2. The Parties recognize that it is inappropriate to encourage investment by relaxing domestic health, safety or environmental measures. Accordingly, a Party should not waive or otherwise derogate from, or offer to waive or otherwise derogate from, such measures as an encouragement for the establishment, acquisition, expansion or retention in its territory of an investment of an investor. If a Party considers that another Party has offered such an encouragement, it may request consultations with the other Party and the two Parties shall consult with a view to avoiding any such encouragement.

Article 1116: Claim by an Investor of a Party on Its Own Behalf

1. An investor of a Party may submit to arbitration under this Section a claim that another Party has breached an obligation under:

(a) Section A or Article 1503 (2) (State Enterprises), or

(b) Article 1502 (3) (a) (Monopolies and State Enterprises) where the monopoly has acted in a manner inconsistent with the Party's obligations under Section A, and that the investor has incurred loss or damage by reason of, or arising out of, that breach.

2. An investor may not make a claim if more than three years have elapsed from the date on which the investor first acquired, or should have first acquired, knowledge of the alleged breach and knowledge that the investor has incurred loss or damage.

Article 1133: Expert Reports

Without prejudice to the appointment of other kinds of experts where authorized by the applicable arbitration rules, a Tribunal, at the request of a disputing party or, unless the disputing parties disapprove, on its own initiative, may appoint one or more experts to report to it in writing on any factual issue concerning environmental, health, safety or other scientific matters raised by a disputing party in a proceeding, subject to such terms and conditions as the disputing parties may agree.

参考文献

[1] 张庆麟. 公共利益视野下的国际投资协定新发展 [M]. 北京：中国社会科学出版社，2014.

[2] 张光. 国际投资法制中的公共利益保护问题研究 [M]. 北京：法律出版社，2016.

[3] 吴岚. 国际投资法视域下的东道国公共利益规则 [M]. 北京：中国法制出版社，2014.

[4] 衣淑玲. 投资协定中投资仲裁机制改革研究 [M]. 长春：吉林人民出版社，2020.

[5] 乔慧娟. 私人与国家间投资争端仲裁的法律适用问题研究 [M]. 北京：法律出版社，2014.

[6] 孙佳佳. "一带一路"投资争端解决机制及案例研究 [M]. 北京：中国法制出版社，2020.

[7] 陶立峰. "一带一路"沿线国家投资仲裁案例集 [M]. 北京：法律出版社，2019.

[8] 徐忆斌. 国际商事争端解决法律实务 [M]. 厦门：厦门大学出版社，2020.

[9] 沈华，等. 中国企业海外投资的风险管理和政策研究 [M]. 北京：商务印书馆，2017.

[10] 庆坡. "一带一路"建设中中国企业境外投资环境责任制度研究 [M]. 北京：对外经济贸易大学出版社，2019.

[11] 张建中. 贸易、投资与环境协同发展的机制研究 [M]. 北京：中国社会科学出版社，2013.

[12] 张洁清等. 中国环境保护"走出去"可持续发展报告 [M]. 北京：中国环境出版社，2018.

[13] 华珇欣. "一带一路"沿线国家环境法概论 [M]. 北京：社会科学文献出版社，2017.

[14] 张文婷. 可持续和负责投资的全球法治化 [M]. 深圳：海天出版社，2019.

[15] 穆丽霞. 我国当代企业环境责任研究 [M]. 北京：中国政法大学出版社，2020.

[16] 陈红心. 生态文明视域下的企业环境责任 [M]. 郑州：河南人民出版社，2019.

[17] 田金花. 公司环境责任法律问题研究 [M]. 长春：吉林出版集团股份有限公司，2019.

[18] 王小红. 社会责任视角下丝绸之路经济带环境信息披露研究 [M]. 北京：中国纺织出版社，2018.

[19] 杜克锐. 中国能源和环境问题研究 [M]. 北京：中国金融出版社，2020.

[20] 李锴. FDI 对中国工业能源环境的影响研究 [M]. 北京：人民出版社，2017.

[21] 李英. 中国对外能源投资争议解决研究 [M]. 北京：知识产权出版社，2016.

[22] 陈正健. 投资者－国家争端解决 [M]. 北京：当代世界出版社，2019.

[23] 梁丹妮. 《北美自由贸易协定》投资争端仲裁机制研究 [M]. 北京：法律出版社，2007.

[24] 中国－东盟环境保护合作中心. 中国－东盟环境合作 [M]. 北京：中国环境出版社，2017.

[25] 张洁清. 东盟国家环境管理制度及案例分析 [M]. 北京：中国环境出版社，2017.

[26] 中国－东盟环境保护合作中心. 中国－东盟环境可持续发展 [M]. 北京：中国环境出版社，2016.

［27］张正怡. 能源类国际投资争端案例集［M］. 北京：法律出版社，2016.

［28］韩秀丽. 中国海外投资的环境保护问题研究：国际投资法视角［M］. 北京：法律出版社，2013.

［29］龚柏华. 涉华投资者—东道国仲裁案述评［M］. 上海：上海人民出版社，2020.

［30］蔡从燕，李尊然. 国际投资法上的间接征收问题［M］. 北京：法律出版社，2015.

［31］葛察忠. 中国对外投资中的环境保护政策［M］. 北京：中国环境科学出版社，2010.

［32］蒋姮. 走出海外投资安全的雷区——冲突风险评估与管理［M］. 北京：中国经济出版社，2013.

［33］江珂. 中国环境规制对外商直接投资的影响研究［M］. 北京：中国财政经济出版社，2011.

［34］孙玉红. 多国博弈视角下 TPP 谈判引发的政策互动和中国的战略选择［M］. 北京：对外经济贸易大学出版社，2014.

［35］对外投资与风险蓝皮书：中国对外直接投资与国家风险报告（2017）［M］. 北京：社会科学文献出版社，2017.

［36］蔺运珍. 环境法治与国际贸易［M］. 长春：吉林人民出版社，2019.

［37］张晗. 跨太平洋伙伴关系协定（TPP）与中国［M］. 北京：对外经济贸易大学出版社，2016.

［38］朱鹏飞. 国际环境争端解决机制研究［M］. 北京：法律出版社，2011.

［39］李雪. 欧盟环境法经典判例与评析［M］. 北京：中国政法大学出版社，2020.

［40］程丽萍. 欧盟绿色双指令最新解读［M］. 广州：新世纪出版社，2011.

［41］李霞. 中国-非洲环境合作研究［M］. 北京：中国环境出版社，2013.

［42］叶玮. 当代非洲资源与环境［M］. 杭州：浙江人民出版社，2013.

［43］沈镭. 中非资源环境科技合作战略研究［M］. 北京：地质出版社，2010.

［44］张明龙. 美国环境保护领域的创新进展［M］. 北京：企业管理出版社，2019.

［45］沈跃东. 美国气候变化诉讼研究［M］. 北京：中国环境出版社，2019.

［46］赵岚. 美国环境正义运动研究［M］. 北京：知识产权出版社，2018.

［47］付成双. 美国现代化中的环境问题研究［M］. 北京：高等教育出版社，2018.

［48］曹彩虹. 美国环境保护社会系统研究［M］. 北京：北京语言大学出版社，2018.

［49］滕海键. 美国环境政策与环保立法研究［M］. 北京：中国社会科学出版社，2016.

［50］姜双林. 美国水污染物排放许可证制度研究［M］. 北京：法律出版社，2016.

［51］S. Baker, The Politics of Sustainable Development. Theory, Policy and Practice Within the European Union，Routledge，Londra，New York，1997.

［52］Charles S. Pearson. Multinational Corporations，Environment，and the Third World：Business Matters. Durham，NC：Duke Univ ersity Press，1987.

［53］Baumol WJ，Oates WE，eds. 1988. The Theory of Environmental Policy. Cambridge，UK：Cambridge Univ. Press. 2nd ed.

［54］UNCTAD. World Investment Report 2003：FDI policies for Development：National and International Perspectives［M］. New York and Geneva：UN，2003.

［55］David Hunter，James Salzman & Durwood Zaelke. International-

Environmental Law and Policy [M]. 2d ed. New York: Aspen Publishers, Inc, 2002.

[56] Wolfgang Peter. Arbitration and Renegotiation of International Investment Agreements [M]. London: Kluwer Academic Publishers, 1986.

[57] Saverio Di Benedetto. International investment law and the environment [M]. Cheltenham, UK: Edward Elgar Publishing Limited, 2013.

[58] Jorge E. Viñuales. Foreign investment and the environment in international law [M]. Cambridge : Cambridge University Press, 2013.

后　记

原本想着将多年来的积累与思考整理出来不会用太长时间，然而付诸行动之后才发现，需要进一步思考的东西、进一步查找的资料还有很多很多。于是，我在与同学们继续教学相长的过程中，又查阅了大量原版英文资料，并获取了中国海外投资和在华外资在行业和地区布局方面的翔实数据，这使本书写作的资料进一步丰富起来。国外学者的著述需要静下心来研读，梳理其学术成果的内容，思考其研究和分析问题的方法和角度。不知不觉，大半年的时间一晃而过，书稿的整理工作也在断断续续地进行着。有时会为一个创新观点的论述而欢欣鼓舞，但更多时候是在找寻涉环境投资问题的解决之路时陷入迷茫与纠结，好在经历一番"山重水复疑无路"的困惑后，最终收获"柳暗花明又一村"的欣喜。

环境法治背景下的国际投资法律问题主要是对国际投资的环境规制问题，这种规制有国家层面的单方面规制，有国际层面的双边规制、区域性规制和全球性规制。其中，对中国最具有借鉴意义的大概还是双边环境规制和区域性环境规制，因此本书在写作过程中进行了详略处理，对双边及区域性国际投资条约中的环境条款进行了详细论述，但对全球性国际投资法文件中的"环境因素"阐述不够深入。这种处理尽管使得本书关于全球性国际投资法的环境规制内容的论述略显单薄，但于我而言，正突出了我想要体现的内容。

本书写作过程中，参阅了大量国内外研究成果，本书形成过程正是在吸收学界前辈和同人相关理论并在此基础上进行创新的过程。在此，向他们表达深深的谢意！

感谢 2013 年以来选修了我的课程的同学们。正是在与他们一次次探讨与交流中，我对本书研究的问题有了越来越深刻的认识和理解，最终形成了相对系统的观点和看法。

感谢家人对我的支持与鼓励。在我写作期间，丈夫和儿子不时为我加油、鼓劲，每每我的内心总会涌起一股暖流，同时感到无比幸运和幸福。感谢家人，他们的爱给予我无尽的勇气与动力，使我在学术的道路上不断前行！

最后，特别感谢本书的责任编辑孙振波老师。正是孙编辑的辛勤付出，使得本书得以顺利出版。在此，对孙编辑致以衷心的感谢和崇高的敬意！

蔺运珍

2021 年 9 月于泉城